DESPERTAR RADICAL

COLECCIÓN ADVAITA

DESPERTAR RADICAL

EL DESCUBRIMIENTO DEL RESPLANDOR DEL SER EN MEDIO DEL MUNDO

AMODA MAA

Título original: *Radical Awakening*

Traducción: Diego Merino Sancho

© 2008, 2016, Amoda Maa Jeevan por el texto
© 2016 Watkins Media Limited por diseño y tipografía
Edición revisada y actualizada de *How to Find God in Everything*,
publicado originalmente por Duncan Baird Publishers en 2008
www.watkinspublishing.com

Publicado por acuerdo con Watkins Media Ltd., 19 Cecil Court,
Londres, WC2N 4EZ, Reino Unido

De la presente edición en castellano:
© Gaia Ediciones, 2017
   Alquimia, 6 - 28933 Móstoles (Madrid) - España
   Tels.: 91 614 53 46 - 91 614 58 49
   www.alfaomega.es - E-mail: alfaomega@alfaomega.es

Primera edición: enero de 2018

Depósito legal: M. 58-2018
I.S.B.N.: 978-84-8445-703-9

Impreso en España por:
Artes Gráficas COFÁS, S.A. - Móstoles (Madrid)

Índice

Agradecimientos

LA GESTACIÓN DE ESTE LIBRO ha sido larga, y la tarea de escribirlo ha llevado más tiempo aún. A lo largo del proceso ha habido una serie de personas que me han ayudado, me han inspirado y me han asistido en mi propia evolución, no solo como escritora, sino también como ser humano auténtico.

Entre aquellos que me han prestado su apoyo directamente se encuentran Julia McCutchen, cuyo entusiasmo inicial hizo que se avivasen las llamas de la posibilidad de escribir este libro y cuyas delicadas opiniones y amables consejos han sido de inestimable valor, así como mi editor, Michael Mann, cuya visión y convicción en este proyecto le dio el impulso necesario para ponerlo en marcha. También le estoy muy agradecida al equipo de Watkins por todo el trabajo que han realizado entre bastidores.

Entre los que han formado parte del proceso de forma indirecta se encuentran, en el plano terrenal: Richard Rudd, cuya revelación de «las claves genéticas» (*Gene Keys*) me impactó hace años con la intensidad de un rayo caído del cielo y me hizo entrar en sintonía con el verdadero propósito de mi vida; los doctores Pankaj y Smita Naram de la Ayushakti Ayurvedic Clinic de Bombay, cuya experiencia y amorosos cuidados hicieron rejuvenecer mi cuerpo, mi mente y mi alma y me ayudaron a ver el mundo con ojos nuevos. En el plano espiritual, siempre le estaré eternamente agradecida a Ramana Maharshi, cuya vibración de la Verdad caló muy hondo en mi ser, me despojó de todo lo que era falso en mí y me catapultó a una fase totalmente nueva de mi vida, así como a Osho, cuyo inextinguible Amor sigue brillando intensamente en mi corazón.

También me gustaría dar las gracias a todos aquellos que han asistido a mis clases, talleres y retiros durante todos estos años de danza extática, de enérgicos movimientos del cuerpo, de respiraciones, de gritos, de lágrimas, de risas y de profunda entrega a la quietud. ¡Me siento profundamente bendecida tanto por los momentos sublimes como por los ratos de auténtica locura que hemos compartido! Y os doy las gracias a todos y cada uno de vosotros por vuestra paciencia en este proceso en el que tanto yo misma como mi trabajo hemos pasado por innumerables transformaciones. Aunque ya no hacemos encuentros de este estilo, algo nuevo ha brotado de sus cenizas... Y todos vosotros ocupáis un lugar muy especial en mi corazón.

Por último —pero, ciertamente, no menos importante—, quiero destacar que no hay palabras suficientes para agradecer a las dos personas más importantes de mi vida y que han contribuido por igual, aunque de formas muy distintas, a mi propio crecimiento como persona: mi madre, quien siempre me ofrece incondicionalmente su amor, y Kavi Jezzie Hockaday, mi creativo y amado compañero, mi amigo de verdad.

Prefacio a la nueva edición

YA HAN PASADO CASI diez años desde que escribí este libro y fue publicada su primera edición. Durante ese tiempo han cambiado muchas cosas en mi vida; aquel brote inicial de comprensión ha madurado y se ha convertido en una flor del despertar. Lo que en un primer momento experimenté como la inesperada liberación de mi identidad de las cadenas del ego, lo vivo ahora como un suave y apacible río de gracia y de dicha que fluye en el seno de la vida cotidiana.

En los años que tardó ese capullo inicial en convertirse en una flor se ha ido produciendo una constante purificación. Aunque durante muchos años antes del despertar estuve inmersa en terapias, trabajos corporales, prácticas meditativas y otras herramientas psico-espirituales con las que poder desenredar las complejidades de mi historia personal y sanar algunos de mis traumas, aún persistían en mí ciertas capas defensivas con las que el ego intentaba protegerse. Finalmente, ante la presencia de la deslumbrante luz de la consciencia incondicional que se reveló a sí misma en el despertar, estas contracciones mentales y emocionales más sutiles también acabaron por disolverse, y tras un largo periodo en el que me he limitado simplemente a esperar, ha surgido mi papel de maestra espiritual a partir de este fuego y esta pasión por la verdad.

Ha sido un florecimiento delicado, una tierna e inocente apertura libre de cualquier tipo de obsesión por los resultados en la que sencillamente he dejado que sea la inteligencia de la vida la que dicte mis acciones. Al principio tan solo un puñado de personas acudían a los encuentros en los que ofrecía meditación en silencio y breves disertaciones que surgían de ese mismo silencio. Poco a poco, de forma gradual, fueron sumándose más y más, y hoy en día viajo a muchas partes del mundo ofreciendo mi trabajo. La expresión de mi enseñanza ha ido evolucionando en respuesta a la profundización de mi propia experiencia interior y a la creciente intensidad de las indagaciones que se producen en estos encuentros.

Cuando la primera edición de este libro —titulado *How to Find God in Everything* («Cómo encontrar a Dios en todas las cosas»)— se agotó por completo hace un par de años, quedó claro que hacía falta una nueva edición. Fue una oportunidad para publicar una versión en tapa blanda y para realizar algunos ajustes que permitieran adaptar el libro a las enseñanzas que imparto hoy en día. No obstante, no se han realizado demasiados cambios para preservar así la autenticidad del mensaje original. El cambio más sustancial está en la introducción revisada, en la que hablo más sobre el despertar radical en medio de la vida cotidiana y en plena inmersión en un mundo que cambia con mucha rapidez. También me extiendo más a la hora de explicar cómo este despertar radical apareció en mi vida. Aunque hoy en día no suelo mencionar la visión mística que tuve en 2002, la he mantenido en la introducción, ya que constituyó una parte crucial de mi propio proceso vital y fue también el acontecimiento que dio origen a la escritura de la primera versión de este libro. Sin embargo, en esta nueva edición incluyo también lo que ocurrió poco después de dicha visión, puesto que, visto retrospectivamente, me doy cuenta de que fue en esta segunda experiencia donde todos los constructos de la dualidad —incluyéndome a «mí» como individuo separado— murieron para revelar el resplandor eternamente presente del Ser que constituye mi estado natural.

Por otra parte, hoy en día rara vez uso la palabra «Dios», ya que es un término cargado de condicionamientos culturales y religiosos y la mentalidad occidental casi siempre olvida su significado más profundo; ahora prefiero hablar del propio hecho de ser, de la presencia o el silencio. Dependiendo del contexto, también me refiero a este estado primario como a la consciencia incondicionada o no-dual, o simplemente como al fenómeno de estar despierto. En esta nueva edición uso la palabra «Dios» de forma intercambiable con estos otros términos, para conferir de este modo más expresión a aquello que es esencialmente inexpresable. Igualmente, algunas de las frases han sido revisadas para suavizar el excesivo énfasis en dicho término y permitir así al lector tener una visión más amplia y espaciosa de la dimensión profunda del Ser, que es de lo que verdaderamente trata esta obra.

En todo caso, no he desechado por completo esa palabra; en parte para conservar la integridad y la continuidad de la escritura, pero sobre todo porque el título original de la primera edición de este libro —*How to Find God in Everything* («Cómo encontrar a Dios en todas las cosas»)— estaba inspirado por un hermoso aforismo del místico indio Rabindranath Tagore que dice: «Si quieres encontrar a Dios has de aceptar y darle la bienvenida a todo». Esta simple afirmación contiene la esencia de mi enseñanza. Es al decir «sí» de todo corazón a la forma en la que se despliega cada momento —con todo su horror, toda su agonía y todo su éxtasis— cuando descubrimos lo que está verdaderamente aquí, lo que yace por debajo de todas esas historias y más allá de ellas. Y este descubrimiento nos lleva de regreso hasta nuestra verdadera naturaleza como aquello cuya existencia es anterior a toda manifestación. En otras palabras, llegamos a nuestro hogar, llegamos a Dios.

Algunas otras revisiones que se han llevado a cabo en esta nueva edición consisten en algunos pequeños cambios aquí y allá a lo largo del texto, una reformulación de las historias personales que comparto para adaptarlas a mi visión actual, un epílogo «actualizado» y algunos ligeros ajustes en los títulos de los capítulos.

Mi deseo es que a medida que vayas leyendo este libro las palabras se dirijan a tu más profundo conocimiento de la Verdad, y que el silencio desde el que se ofrecen llegue al corazón resplandeciente de tu ser. Namaste.

AMODA MAA, julio de 2015

DESPERTAR
RADICAL

INTRODUCCIÓN

La urgente necesidad actual de Despertar

ACTUALMENTE EXISTE UNA GRAN necesidad de evolucionar más allá de la perspectiva centrada en el ego a través de la cual nos experimentamos a nosotros mismos como entidades separadas unas de otras, del mundo y de la vida. El arcaico mecanismo de «lucha o huida» que tan profundamente ha arraigado para permitir la supervivencia de las especies ya no nos sirve. Hace falta algo nuevo, y cada vez más gente está intentando encontrar una forma diferente de ser.

Es obvio que el mundo está en crisis. Diariamente nos bombardean con noticias referentes al incremento de la violencia, la corrupción, la guerra y el terrorismo. Tanto la situación política como la económica y la medioambiental se están volviendo cada vez más inestables y por primera vez desde que existen registros históricos asoma por el horizonte la amenaza de una aniquilación a escala planetaria. Y, sin embargo, en medio de todo este caos subyace también la posibilidad de una revolución en la consciencia y el potencial para transformar radicalmente nuestro mundo.

Esta posibilidad de transformación nos está siendo dada ahora: justo *aquí*, es este mismísimo momento, y no en ningún tiempo futuro. Ya no podemos esperar a que los políticos pongan fin a sus insustanciales disputas, a que los ecologistas den con una solución o a que los líderes mundiales nos salven; tenemos que dejar de creer que alguna otra persona distinta a nosotros mismos tiene la respuesta y convertirnos realmente en el cambio que queremos ver en el mundo. Cuando dejamos de buscar fuera de nosotros algo que nos haga sentir mejor, más seguros, más fuertes, más ricos o más felices, y, en lugar de eso, nos abrimos al más profundo conocimiento que reside en nuestros corazones, nos hacemos conscientes de nuestra naturaleza esencial y cambiamos así nuestra realidad. Podemos pasarnos toda la vida —o incluso varias vidas— inmersos en la búsqueda de un mundo perfecto, pero el Reino de los Cielos se halla en nuestro interior: lo que buscamos es lo que somos. Y esta realización está disponible justo aquí, en medio de la oscuridad del mundo.

La pura y cruda verdad es que todos y cada uno de nosotros somos una manifestación de la luz de la Divinidad; todos somos la propia perfección de este momento. Cuando percibimos lo divino en todos —a pesar de sus apariencias—, la separación se disuelve. Cuando vemos más allá del género, de la raza, la religión, la clase, las posesiones, los títulos profesionales o cualquier otra etiqueta, todas las fronteras se evaporan. Desde luego, resulta extremadamente difícil ver esto cuando la persona que tenemos en frente es un terrorista o un asesino, cuando las calamidades llaman a nuestra puerta o cuando nuestra vida entera se derrumba y queda reducida a escombros, pero es precisamente una transformación así de profunda la que se requiere para poder despertar del sueño de la separación.

Únicamente un cambio que nos lleve a una perspectiva más holística en la que seamos uno con la esencia divina que origina todas las formas tiene el potencial necesario para poner fin al sufrimiento, tanto para cada uno de nosotros como para la humanidad en su conjunto. Y para eso, hemos de estar dispuestos a ver a través de los ojos de la unidad.

Descubrir el resplandor del Ser

Fue precisamente esta voluntad, esta disposición a abrir mi corazón a todo —también a la oscuridad del sufrimiento— la que hizo posible que la luminosidad resplandeciente del Ser se revelase a sí misma en mi vida. Fue un despertar radical que cambió totalmente mi vida desde dentro. Al principio, me despojó de todas las estructuras presentes tanto en mi mundo interno como en el mundo externo que no servían a los propósitos de esta consciencia despierta; las defensas psicológicas quedaron expuestas y colapsaron, las relaciones y las amistades basadas en la codependencia se disolvieron y las distracciones mentales sencillamente se detuvieron. Al mismo tiempo, se fue revelando un propósito más profundo en relación con la corriente creativa de mi «trabajo» en el mundo, y cualquier acción que no estuviese en sintonía con esta nueva voluntad desapareció rápidamente. Más adelante, este despertar radical dio origen a este libro y a mis enseñanzas.

Todo esto sucedió de forma inesperada en el seno de mi ajetreada vida cotidiana mientras vivía en la caótica y agitada ciudad de Londres. No estaba buscando la iluminación, la liberación, ni tan siquiera la felicidad —hacía mucho que toda esa búsqueda había terminado—, pero la vida me había llevado al borde de un paisaje interior árido y estéril, un vacío existencial que amenazaba con engullirme en sus tinieblas. Reconocí esto como algo que me había estado persiguiendo desde que era una adolescente, algo que siempre había estado evitando —aunque tuve que invertir una gran cantidad de energía para conseguirlo—. Sin embargo, parecía que esta vez no me quedaba más alternativa que dejar de huir y enfrentarme a ello. Ocurrió en dos partes —con una separación de unas pocas semanas entre ellas, aunque en realidad no fui consciente de la conexión que había entre ambas experiencias hasta mucho después—. La primera parte me sobrevino en forma de una experiencia visionaria que me resultó muy conmovedora a nivel personal y que también me proporcionó las claves para la transformación del sufrimiento humano.

En esta visión, yo iba caminando por el Valle de la Muerte, un paisaje tan sumamente árido y yermo que estaba completamente desprovisto de toda esperanza. Rodeada de fantasmas hambrientos y almas martirizadas, una helada oscuridad comenzó a colarse por mis venas, haciéndome sentir en mi propio cuerpo el peso del sufrimiento de toda la humanidad. Lo único que deseaba en ese momento era echarme en el suelo y morir. En el mismísimo momento en el que la llama de la vida titiló por última vez en el centro de mi corazón, alcé la vista hacia el cielo, como si estuviese diciendo: «Gracias por la vida que se me ha dado hasta aquí. Ahora es el momento de partir». Pero justo cuando estaba a punto de cerrar los ojos para siempre, vi un tenue resplandor a lo lejos, algo así como la sutil promesa de un futuro más luminoso. Todo esto no fue un simple sueño; tenía los ojos abiertos de par en par. Clavada en el sitio, observé con incredulidad cómo esta luz se iba extendiendo ante mí como si de una alfombra se tratase. Junté todas mis fuerzas y me preparé para subir fatigosamente los peldaños dorados que habían aparecido frente a mí. Estaba fascinada por lo ligera que me sentía. En un grito, exclamé: «¡He muerto y he ido al cielo!». Pero los escalones eran reales y yo tenía que seguir subiendo por ellos sin mirar atrás. A cada paso me iba postrando más y más ante este estado de gracia, pues ahora me estaba convirtiendo en una Hija de Dios.

Para cuando llegué a la cima y me puse a los pies de mi Padre ya había alcanzado la inocencia propia de un bebé desnudo; no tenía nada que ocultar. Alcancé su regazo en un estado tal de humildad y de entrega que una vez más volvía a estar preparada para morir por este amor, dispuesta a dormir dulcemente en sus brazos por toda la eternidad. Tan pronto como apoyé la cabeza me fundí con Él completamente, y, al hacerlo, alcancé la Unión Sagrada en la que yo soy Él. En ese mismo instante era también su Consorte, la Santa Madre que se sienta a su lado. De mi vientre surgió un Niño Dorado y de mis senos fluyó la Leche de la Bondad Humana que da lugar al río eterno que alivia el sufrimiento de la humanidad. Y, a su debido momento, el Valle de la Muerte se convirtió en el Jardín de la Abundancia y la Prosperidad... un auténtico paraíso aquí en la tierra.

Esta visión significa que el viaje de transformación supone quedarse totalmente desnudo; si lo que queremos es avanzar hacia la luz, entonces tendremos que dejar de escondernos tras la máscara del ego y volver a ser como niños pequeños, estar listos para quedar completamente al descubierto. Recorrer el sendero de la vida con la inocencia de un corazón abierto es el único modo de transformar nuestro sufrimiento, y esto significa dar un solo paso cada vez con tenacidad y determinación. Es algo que tenemos que establecer como una práctica diaria, como algo que tenemos que realizar a cada momento. No resulta fácil, pues el miedo nos hace retroceder. Es necesario que permanezcamos firmemente presentes sin mirar hacia atrás ni hacia delante, lo que significa no ceder a la tentación de convertirnos en una víctima de lo ocurrido en el pasado ni tampoco aferrarnos a ningún objetivo futuro imaginario. En última instancia, significa sacrificar nuestro ego en el altar de Dios.

Dios es aquello que es más grande que nosotros, el Gran Misterio, el Uno que lo es Todo. La recompensa que se nos ofrece cuando nos entregamos totalmente a Dios es el desbloqueo del poder espiritual propio de nuestras energías masculina y femenina latentes. Este es el matrimonio alquímico del Padre y de la Madre a partir del cual renacemos como el Hijo Dorado. En otras palabras, cuando encarnamos en nosotros plenamente la profundidad de nuestra energía masculina y la apertura de nuestra energía femenina, la semilla del despertar crece en nuestro interior y nuestro ser esencial sale a la luz. Esta es la chispa divina del infinito potencial creativo que nos ilumina desde dentro. Es algo que, una vez más, hemos de desarrollar adoptándolo como una práctica continua.

Cada momento es una oportunidad para despertar a nuestra verdadera identidad. Y, mediante este recuerdo, volvemos a estar completos. La trinidad formada por el Padre, la Madre y el Hijo Dorado es un símbolo tanto de nuestra completitud innata como de nuestra sacralidad esencial. Es el espacio sagrado de la unidad que habita en nuestro corazón, a partir del cual la compasión fluye libremente hasta alcanzar todo lo que existe.

Esta historia no solo nos insta a despertar y a convertirnos en quienes somos realmente para poder así transformar nuestras vidas, sino que también es una visión del futuro. El Valle de la Muerte es a la vez el ámbito del infierno personal del ego y el *samsara* de un mundo que parece estar empeñado en su propia destrucción. El matrimonio alquímico del Padre y de la Madre supone la integración de nuestra parte masculina y femenina, pero también la sanación de la brecha que existe entre esos dos aspectos y que podemos ver claramente en las dicotomías de hombre frente a mujer, intelecto frente a intuición, ciencia frente a misticismo y religión frente a naturaleza. El Jardín de la Abundancia y la Prosperidad representa a la vez el pleno florecimiento de nuestro potencial creativo individual y la creación de un nuevo mundo construido sobre la base del Amor y la Verdad.

Lo que en un primer momento me sorprendió de esta visión —quizás más que cualquier otra cosa— fue su énfasis en Dios. Al igual que tantos de nosotros que hemos sido educados en un contexto dominado por los dogmas religiosos, hacía mucho tiempo que yo había eliminado la palabra Dios de mi vocabulario. No fue hasta que tuve esta visión que pude verle no como un concepto abstracto, sino como una experiencia directa; Dios es sinónimo de vida, y cuanto más me abro para recibir todos los aspectos de la Existencia en toda su plenitud, más estalla la vibrante intimidad de este momento. Mi relación con Dios es una aventura inmersa en el Amor que me acerca más a mí misma, a los demás y a todo lo que forma parte de mi vida. Aquello que he estado buscando es lo que soy, pues Dios es mi naturaleza esencial. Y la tuya también.

Si bien esta experiencia visionaria fue muy profunda y acarreó unas enormes consecuencias en lo que respecta a mi relación con todos los aspectos de mi propia vida, no fue hasta que se produjo la segunda parte que la innegable realización del despertar se integró en mi ser calándome hasta la médula. Aún hoy lo recuerdo con total claridad: estaba sentada en el sofá de mi pequeño apartamento de un solo dormitorio cuando se instaló en mí un terror increíble; fue como si me encontrase absolutamente sola en toda la existencia, como si no fuese más que la microscópica punta de un alfiler, un «algo» suspendido en la infinita inmensidad de la «nada». Durante un brevísimo instante, la creencia de que había sido abandonada por la Vida/Dios/el Creador pasó por mi consciencia como un rayo, y en ese mismo momento me di cuenta con increíble claridad de que esta creencia siempre me había acompañado como la «herida primordial de la separación». Fui consciente de que mi mente había creado todo tipo de defensas, de distracciones y contorsiones para evitar así tener que enfrentarse al horror de este abandono. Pero en lugar de alejarme de ello levantándome para preparar una taza de té o leer un libro espiritual —las dos estrategias más habituales en mí—, de alguna manera me di cuenta de que esta vez no iba a poder negar el hecho de que el vacío de la Nada estaba justo *ahí*, en mi experiencia de *ese* momento. Y entonces decidí entregarme a ello totalmente.

Mi rendición fue absoluta: renuncié a todo miedo y a toda esperanza, renuncié a toda imaginación sobre cómo podrían ser las cosas e incluso a la idea de que mi vida tal y como la conocía fuese a continuar siendo así. Estaba dispuesta al cien por cien a extinguirme y a ser absorbida en una eternidad de desconocida vacuidad. Y de ese modo fui cayendo en el oscuro abismo que supone carecer de una red de seguridad. Sin embargo, para mi sorpresa, ¡eso no supuso el final definitivo! El «yo» se disolvió en el vacío, pero, simultáneamente, «yo» me fundí con la totalidad de la Existencia. Además, todo esto fue experimentado como la absoluta plenitud del Amor. Se trataba de una muerte psicológica, de una liberación de la propia identidad de las cadenas del ego.

A partir de ese momento terminaron por completo todas las historias relativas a la separación y dejé de ser una víctima de la vida. A la luz de las antorchas de la consciencia despierta, todo lo que quedó fue la propia translucidez del Ser, una espaciosidad ilimitada que hacía posible un despliegue y una profundización sin fin en el silencio interno. Hoy en día experimento este silencio como una consciencia no-dual que acoge y abraza tanto el misterio de la experiencia humana como el caos y la confusión que la caracterizan. Es un despertar radical porque ha incluido todo en él. Ni el más mínimo vestigio de división interna puede sobrevivir cuando nuestra fidelidad está comprometida al cien por cien con el fuego de la verdad; la naturaleza siempre cambiante de la vida se vive con plenitud y, sin embargo, también se reconoce de una forma muy íntima y profunda el inmutable resplandor del Ser que subyace en el núcleo de todo lo que se experimenta.

Se ve que Dios está en todas las cosas.

LA INVITACIÓN QUE TE HACE ESTE LIBRO

Este libro te invita a acoger y dar la bienvenida a todas las experiencias que se presenten en tu vida como si fuesen una llamada para que regreses a tu hogar, a tu verdadera naturaleza. Es una invitación a sumergirte más profundamente en el misterio de la vida tal y como es ahora, a mostrarte totalmente íntimo con este momento sin ningún tipo de reparo ni retraimiento.

La decisión de abrazar cada momento, por difícil o doloroso que esto sea, transforma la tristeza que conlleva el encerramiento en nosotros mismos en el milagro de la apertura, y nos ofrece la oportunidad de despertar del sueño de la separación y darnos cuenta de que somos uno con la vida misma. En esta realización toda división interna queda disuelta y te ves a ti mismo en el innombrable silencio del Ser que constituye tu propia naturaleza esencial. Es la divinidad que se halla en tu mismísimo centro y en el centro de todas las cosas. Eso es lo que significa la frase: «Si quieres encontrar a Dios has de aceptar y darle la bienvenida a todo». Cada interacción que tienes con cada aspecto de tu vida constituye un portal hacia el descubrimiento de esta divinidad... si eres capaz de darte cuenta de ello.

La primera parte de este libro explora cómo la vida misma es una llamada de Dios y cómo la apertura de corazón —el Amor— y la profundidad de la presencia —la Verdad— son necesarias para que podamos realizar el viaje hacia una dimensión interior más profunda del Ser.

En la segunda parte se te invita a abrir el candado que bloquea tu naturaleza divina utilizando en todos los aspectos de tu vida estas «llaves de oro» que son el Amor y la Verdad. Cuando la vida se ve desde una dimensión personal —dicho de otro modo, cuando la perspectiva centrada en el ego es la forma «normal» de ver las cosas— es como si hubiese un velo que oculta una verdad más profunda: este es el *samsara* de la realidad horizontal. Por el contrario, cuando tu perspectiva cambia y pasa a ser la del reino universal, entonces el «secreto de Dios» queda revelado. A medida que vas despertando al Amor y a la Verdad, todos los velos se van disolviendo y comienzas a encontrarte a ti mismo flotando en una realidad vertical. Es como si te despertases de un sueño y te dieses cuenta de que Dios está justo *aquí*... ¡exactamente en el lugar en el que estás!

Cada capítulo de la segunda parte está dedicado a un aspecto específico de la vida, comenzando con la relación que tenemos con nuestro propio cuerpo. Dado que nuestra forma física es tan densa y tan aparentemente sólida, muchas veces olvidamos que también es un portal directo hacia los sutiles dominios de lo divino. El segundo portal que nos lleva a Dios lo encontramos al sumergirnos en la naturaleza de la mente: al penetrar en los espacios que hay entre los pensamientos y al dejarnos llevar a esa zona atemporal del eterno ahora se revela

la luminosidad de nuestra propia naturaleza esencial. La terce-
ra posibilidad que hay para descubrir el resplandor del Ser se
manifiesta a través de nuestro propio yo, que incluye, a un
nivel superficial, la personalidad, así como toda la gama de las
emociones que tenemos, y a un nivel más profundo los patrones propios del único e irrepetible viaje que haya recorrido
nuestra alma individual. Por último están las relaciones íntimas, que constituyen un portal con gran potencial de transformación en el mundo de hoy en día. Es precisamente aquí, en
el seno de los esfuerzos y las luchas del amor humano, donde
se da la posibilidad de que se produzca la realización del amor
divino.

Los siguientes capítulos, que van más allá de la esfera individual y se adentran en el ámbito colectivo, exploran nuestra relación con el mundo, lo cual incluye también a toda la
masa que constituye la humanidad: los sistemas creados por
la sociedad, tales como la política, la economía o los medios
de comunicación, los trabajos que desempeñamos, la creatividad o el dinero. Muy a menudo excluimos al mundo de nuestra búsqueda espiritual, pero hay algo realmente muy poderoso en el hecho de abrazar plenamente la relación que
tenemos con él y en ser conscientes de la naturaleza sagrada
más profunda de todo lo que nos rodea. Más allá del mundo y
de los asuntos humanos está el reino de la naturaleza; aquí la
invitación que recibimos consiste en descubrir a la divinidad
en todas las criaturas vivientes que corren, nadan, vuelan o se
arrastran; en todos esos seres verdes que crecen buscando la
luz; en las montañas, las rocas, los ríos y los mares; y también
en las fuerzas elementales naturales como el sol, el viento, el

agua y la tierra. Por último, en la parte final de este libro, se explora el reino del espíritu. Habiendo estado durante miles de años oculto tras el polvoriento velo de la religión, este mundo invisible esconde la clave final para comprender que Dios está en todas partes y en todas las cosas.

Todos los aspectos de la vida —desde los más mundanos hasta los más trascendentales— nos ofrecen una oportunidad de transformación. Los caminos espirituales tradicionales que consideran los asuntos cotidianos tales como la salud, las finanzas, el trabajo, la familia y las relaciones como simples distracciones ya no resultan relevantes; lo que necesitamos hoy en día es una espiritualidad que sea verdaderamente holística. Lo que nos hace falta no es simplemente un Amor Universal teñido con todos los colores del arco iris que invoque la consecución de la paz, sino un amor que sea también eminentemente práctico. Necesitamos un tipo de amor que aprecie y valore el vehículo físico de nuestra alma, pues no cabe duda de que un cuerpo sano tiene más capacidad para servir a Dios y al mundo. Necesitamos un amor que no tenga miedo de tratar los asuntos monetarios, porque la riqueza mundial está tan mal repartida que necesita urgentemente una redistribución. Necesitamos un amor que en todo momento sea capaz de hacer previsiones por adelantado y de empezar a crear ahora lo que les hará falta a las generaciones futuras. En otras palabras, necesitamos un amor que pase a la acción.

Y tampoco es suficiente con sentarnos en silencio para imbuirnos del vacío de la Verdad Última: necesitamos también una verdad que esté al servicio de nuestra realidad cotidiana, una verdad que hable de nuestros sentimientos más íntimos, que sea capaz de expresar el espectro completo de nuestras emociones, y que tenga el valor de liberarse de toda pretensión para revelar así la ternura y la delicadeza que caracterizan a un corazón abierto. Lo que realmente necesitamos es una verdad que cierre la brecha existente entre la imperfección propia de nuestra humanidad y la perfección de nuestra esencia divina.

Te invito a considerar la idea de una ola de transformación global —un tsunami de amor— que ya se nos viene encima. Una ola que requiere de nuestra parte que confiemos en que seremos llevados a la otra orilla sanos y salvos, íntegros y completos. El desafío al que nos enfrentamos es el de zambullirnos en el Amor incluso cuando el miedo sea tan intenso que parezca estar gritándonos que corramos a escondernos; el desafío de abrir el corazón incluso cuando nos encontremos en medio del mismísimo infierno. Todos y cada uno de nosotros estamos llamados a renunciar a nuestro pequeño *yo* y a convertirnos en uno con la totalidad de la vida, a abrirnos a una dimensión más profunda del Ser que nos libera del sueño de la separación y que sana toda división interna y externa.

La visión de un futuro más brillante y prometedor es patrimonio de todos. ¿Vas a elegir sumergirte en un descubrimiento que por ahora te es desconocido para poder así despertar a lo que realmente eres?

Mi esperanza es que este libro resuene en ti y que tengas el valor necesario para dar el salto que te lleve de la mente al corazón.

PRIMERA PARTE

DESCUBRIR A DIOS EN TODAS LAS COSAS

«Si quieres encontrar a Dios has de aceptar
y darle la bienvenida a todo».

RABINDRANATH TAGORE

CAPÍTULO 1

Una invitación a abrazar la vida

TODAS LAS EXPERIENCIAS que tienes en la vida son una invitación que Dios te hace. Toda experiencia —tanto si es placentera como si es dolorosa— es una invitación para recibir y acoger la plenitud y la profundidad de este momento tal y como es ahora. Es la intimidad profunda con este momento la que te ofrece la promesa de la liberación. Es una invitación a tu verdadera naturaleza.

Más allá de las apariencias, más allá de todo lo que viene y va, está el *tú* que no cambia: el *tú* que no es ni *esto* ni *aquello*, sino que simplemente *es*. No puedes encontrar esta parte de ti mirando hacia el futuro o viviendo en el pasado, porque el tiempo es una ilusión que nos aleja de la realidad del *ahora*. La verdad de quien eres tan solo se puede encontrar en la presencia absoluta de *este* momento. En este momento estás completo: no hay absolutamente nada que pueda ser añadido o quitado. Y, además, en este momento también eres sagrado: no estás separado de la sacralidad inherente al espíritu. Eres, de hecho, una creación divina de potencial ilimitado. En este momento perfecto eres uno contigo mismo, uno con la vida y con Dios, pues Dios no es más que tu naturaleza esencial. Y la mía. Y la de todo el mundo.

Dios es la infinita inteligencia que es la fuente de la Creación, el Uno que es la totalidad de la Existencia. Todo lo que existe es una manifestación del Uno, y esto incluye a todo ser humano, toda criatura viviente, todo lo que creamos, cada acontecimiento, cada acción, cada pensamiento y cada sentimiento. Dios es la vida misma, y la vida es simplemente lo que *es*.

Cuanto más cerca estés de experimentar la pura y no adulterada *eseidad*[1] de la vida, más cerca estarás de Dios. En otras palabras, es la intimidad con la cruda experiencia de *este* momento la que cura y pone fin a toda separación. Se trata de una entrega de nuestra identidad individual como entidad separada, rendida a la Existencia que carece de límite alguno. Y es también el descubrimiento de la totalidad y la completitud inherente que subyace en su mismísimo núcleo central.

Todas las experiencias que tienes en la vida son una invitación que Dios te hace.

La ilusión de una vida perfecta

La mayoría de nosotros dedicamos una enorme parte de nuestro tiempo a intentar controlar la vida. Queremos que sea agradable y divertida. Queremos tener a nuestra disposición

---

[1] *Is-ness* en el original inglés; término creado al efecto que intenta hacer referencia a la propia cualidad de ser, a la inmanencia del existir. *(N. del T.)*

todas las cosas buenas que ofrece. Pero, independientemente de lo ricos o poderosos que seamos o de cuántos éxitos hayamos podido lograr, hemos de admitir desde lo más profundo de nuestro interior que la vida no siempre es fácil. Las decepciones, los fracasos, las pérdidas o el dolor forman parte también de la experiencia humana. El dolor está íntimamente entrelazado en el tejido de la vida; no importa lo mucho que nos esforcemos por hacer que las cosas vayan bien, porque simplemente no podemos controlar cómo ocurren las cosas.

La realidad es que la vida está llena de contradicciones. Puede llegar a ser fascinante en su intrincada complejidad y realmente asombrosa en su capacidad para animarnos y elevar nuestra alma. Pero también puede ser extremadamente agónica y tormentosa en su cruda imprevisibilidad y terrible en su capacidad de llevarnos hasta el borde del precipicio, hasta esas situaciones que nos llenan de miedo y pavor. Lo más probable es que tú, al igual que yo, hayas vivido esos momentos en los que tu vida da un giro inesperado y de pronto te encuentras encarando lo desconocido. En tales circunstancias lo que quieres es retrasar el reloj, escapar y esconderte en cualquier sitio para huir de eso. O tal vez lo único que desees sea acurrucarte y morir. La respuesta más común es hacer lo que haga falta, cualquier cosa, lo que sea, con tal de no tener que quedarte justo donde estás y *sentir* esa inquietud.

Por otra parte, el mundo acelerado en el que vivimos hoy en día hace más bien poco para ayudarnos a confiar en el ir y venir de la vida. Los medios de comunicación modernos nos venden el sueño de una vida perfecta en la que tenemos todo lo que deseamos y en la que tan solo nos ocurren cosas buenas. Tú sabes perfectamente bien que en realidad la vida no es así, pero lo más probable es que, de todas formas, sigas aferrándote a este sueño.

Yo, entre los veinte y los treinta años, me pasé la mayor parte del tiempo tratando de tener una vida perfecta. Creía que si tenía la mejor ropa y sacaba las notas más altas entonces sería feliz. Estaba tan ocupada persiguiendo este esplendoroso sueño que pasé completamente por alto la cruda belleza de la vida que tenía justo delante de mis narices. En la superficie, con mi aspecto pulcro y acicalado, todo parecía estar bien en mí, pero lo cierto es que por dentro estaba hecha un lío.

La vida y la muerte, las ganancias y las pérdidas, las alegrías y las tristezas... todas estas cosas forman parte del ciclo de la Existencia.

Fue necesario un fortísimo colapso psicológico para acabar con la ilusión y hacerme recuperar una cierta cordura. En cuestión de meses mi mundo externo perfecto se derrumbó y me quedé literalmente sin nada. Y, sin embargo, aunque este fue uno de los periodos más áridos y estériles de mi vida en el plano material, fue también uno de los más fértiles en términos de crecimiento emocional y espiritual. Cuando por fin me di cuenta de que tan solo podía encontrar el tesoro que estaba buscando sondeando las profundidades de mi mundo interior, dio comienzo un capítulo totalmente nuevo de mi vida.

La mayoría de nosotros, en uno u otro momento de nuestra vida, hemos buscado consuelo en actividades como ir de compras o socializar, hemos intentado aferrarnos a la seguridad mediante pólizas de seguros y planes de pensiones, e incluso puede que hayamos intentado mitigar el malestar y la inquietud mediante el uso de drogas y analgésicos. Cuando somos jóvenes nos resulta fácil engañarnos a nosotros mismos pensando que la vida puede estar libre de todo dolor, pero ni todo el glamur y la riqueza del mundo pueden ocultar el hecho de que un día todos y cada uno de nosotros envejeceremos y tendremos dificultades en mayor o menor grado. En última instancia, *todos* tenemos que enfrentarnos a la inevitabilidad de nuestra propia muerte.

La vida y la muerte, las ganancias y las pérdidas, las alegrías y las tristezas... todas estas cosas forman parte del ciclo de la Existencia. Tras la moderna fachada del «y fueron felices para siempre», la rueda de la vida sigue girando incesantemente. Tan seguro como que el sol sale es que el sol se pone, tan seguro como que la marea sube es que la marea baja. El cambio es una parte inevitable de la vida. A largo plazo, intentar controlar el flujo natural tan solo porque deseamos que las cosas sean distintas de como son, no da resultado; anhelar que las cosas sean más grandes, mejores, más fáciles y seguras no nos hace felices.

Ni tampoco nos hace libres.

La resistencia al Ahora

Lo que crea el sufrimiento es precisamente el deseo que tienes de que las cosas sean diferentes de como son. Aunque así te lo parezca, la causa de tu sufrimiento no son las dificultades, el desasosiego o el dolor en sí mismos, sino tu *resistencia* a experimentarlos plena y totalmente.

Cada vez que te cierras en ti mismo para insensibilizarte ante el dolor o te tensas para defenderte de tu inquietud, te resistes a lo que realmente está ocurriendo *ahora*. Y al apartarte de *este* momento lo que haces es entregarle tu poder a algo externo a ti mismo: te conviertes en víctima de tus propias circunstancias. No solo quedas atrapado en un tiovivo de deseos y aversiones, sino que además acabas luchando también contra la corriente de la vida. En lugar de ir con la corriente, nadas contra ella, lo cual siempre acaba resultando agotador.

Buscar el placer y la seguridad como un atajo para alcanzar la felicidad es una ilusión que limita la amplitud y la profundidad de tu experiencia y empobrece tu espíritu. Incluso el más pequeño paso que demos para alejarnos de la vida *tal y como es ahora mismo* hace que se replieguen nuestras alas y que nuestro resplandor se vea reducido. Cada vez que das un paso atrás para alejarte de la orilla, cada vez que te contraes, que colapsas en ti mismo o te distraes con alguna otra cosa —cada vez que haces lo que sea en lugar de permanecer *exactamente* donde estás y *sentirlo*— te alejas de tu verdadera naturaleza.

Cada vez que creas un relato —ya sea sobre ti mismo, sobre alguna otra persona, sobre el mundo, sobre la vida o sobre Dios— ten la certeza de que has olvidado tu verdadera naturaleza. Uno de los relatos más comunes es el del «pobrecito de mí». Si al afrontar los retos de la vida tu respuesta favorita es: «¿Por qué yo?», «¿Qué es lo que no está bien en mí? Debo de ser una persona estúpida/mala/indigna de ser amada», «¿Qué es lo que he hecho mal? Estoy siendo castigado por mis amigos/mi familia/mi jefe/la vida/Dios» —o cualquier otra variación sobre este mismo tema— entonces puedes estar seguro de que te estás identificado con el «pobrecito de mí». La otra respuesta más común es el síndrome de culpabilizar a los demás: si piensas o dices frecuentemente: «Es por tu culpa. ¡Eres tú el que está equivocado!», «La vida es muy difícil, ¡apesta!», «Fue el demonio el que me obligó a hacerlo», «Dios no tendría que haber permitido que esto ocurriera» —o cualquier otra variación sobre este mismo tema— entonces estás atrapado en el síndrome de culpabilizar a los demás.

No te quedes en la superficie, escarba profundamente y te darás cuenta de que todos sucumbimos a ese tipo de relatos, al menos en algunas áreas de la vida. Yo conozco muy bien el síndrome del «pobrecita de mí», pues me pasé muchos años de mi adolescencia creyendo que todo era culpa mía. Tan pronto como tenía que enfrentarme a algún reto o alguna dificultad, me retraía para no tener que sentirlo en toda su profundidad. En lugar de sentirme enojada, triste, dolida o de cualquier otro modo que supusiera una emoción incómoda, colapsaba en la idea «soy una mala persona» y entraba en una depresión que me duraba días y días. Estas depresiones eran tan graves que ningún psiquiatra ni psicólogo fue capaz de ayudarme a sobrellevarlas. Fue únicamente cuando por fin encaré la oscuridad de mis propios sentimientos que estas depresiones desaparecieron y no volvieron nunca más.

Siempre que te retraes y te retiras de la vida *tal y como es ahora*, te encoges y te reduces para encajar y adaptarte al caparazón de tu ego. El ego siempre está intentando protegerse de alguna amenaza imaginaria. Vive en la esfera personal, del *yo* y lo *mío*, y de esta forma crea una separación entre *yo* y *tú*, entre *yo* y el *mundo*, entre *yo* y la *Vida*. En otras palabras, el ego vive en el mundo ilusorio de la dualidad. Sabes que estás operando desde el ámbito personal cuando juzgas a alguien y rápidamente dictaminas que *tiene razón* o *está equivocado*, o cuando etiquetas algo como *bueno* o *malo*. El ego hace cualquier cosa salvo estar simplemente bien con las cosas tal y como son.

Cuando te resistes a *lo que es* te olvidas de quién eres y pasas a ser algo que es más pequeño que la totalidad. Y también dejas de ser sagrado, divino. Esta profunda alienación de nuestro ser esencial es la causa de todo el sufrimiento personal —incluyendo las enfermedades físicas y psicológicas—, así como de la violencia, las violaciones, las guerras, la avaricia, el consumismo y el nihilismo que vemos campar a sus anchas por todo el mundo. En última instancia, la separación de la naturaleza esencial de la vida *como* totalidad es la causa raíz de todo sufrimiento. Cuando perdemos nuestra conexión con la fuente de la Creación nos olvidamos de que todos somos uno y pasamos a estar divididos y separados de la totalidad de la vida, de los demás y de nosotros mismos. Cuando no somos capaces de ver a Dios —como la totalidad una que es— en todo y en todos, el corazón se cierra y vivimos inmersos en el miedo. Y al vivir en un mundo basado en el miedo, nuestra visión del mismo se ve completamente empañada. Es como si estuviésemos atrapados en un hechizo que nos mantiene encerrados en la limitación.

Para poder romper este hechizo de la separación es necesario tomar la decisión consciente de vencer nuestra resistencia al *ahora*.

Romper el hechizo de la separación

Hemos sido condicionados para protegernos, defendernos y armarnos para, de esta manera, poder permanecer seguros. Hemos aprendido a levantar muros alrededor del corazón cuando alguien se nos acerca demasiado y a ponernos anteojeras para no ver lo que no nos gusta. Tenemos estos patrones tan arraigados e integrados que ocurren de manera inconsciente.

Si queremos empoderarnos y ser lo que verdaderamente somos es necesario que realicemos un cierto esfuerzo para superar esta inercia. Es fácil creer que abandonarse a los viejos patrones de conducta es más sencillo y requiere menos energía, pero en realidad la pequeña cantidad de esfuerzo que se necesita para superar este estado de ensueño nos permite tener acceso a la energía ilimitada que se encuentra en nuestra propia fuente. Recuerdo claramente el día en que uno de mis sabios maestros me aseguró que si conseguía poner toda mi atención en el mismísimo momento que se estaba presentando ante mí, comenzaría a deslizarme libremente por la corriente de la vida en lugar de sentirme como si estuviese subiendo una montaña con un saco de desgracias e infortunios a cuestas.

Tomar la decisión de despertar significa salir de la prisión que nos hemos impuesto a nosotros mismos. Cuando dejas de aferrarte a la seguridad de tus patrones habituales de autoprotección y te abandonas en el río de la vida experimentas la perfección de *este* momento *tal y como es*... en toda su gloria y en todo su horror.

41

Al despertar, regresas a tu estado divino natural, te deshaces de todas esas capas de condicionamientos que enmascaran la belleza resplandeciente de tu esencia y te conviertes en quien realmente eres. De hecho, eres mucho más grande de lo que piensas que eres. Lo cierto es que *tú eres Dios*. Saber que eres Dios puede sonar como una revelación extraordinaria —y lo *es*, en el sentido de que muy pocos nos damos cuenta de ello—, pero también es algo muy ordinario, pues no se trata más que del regreso a nuestro estado natural. ¡No es que de repente nos salgan alas y tengamos poderes mágicos! No nos convertimos en nada distinto a lo que ya somos; simplemente nos desprendemos de lo que no somos.

Darte cuenta de que eres Dios no es más que un simple cambio de orientación, desde la perspectiva personal del *yo* y lo *mío* a la perspectiva universal que es consciente de que *todos somos manifestaciones* de Dios. En última instancia, es pasar de la esclavitud del pensamiento condicionado a la liberación del ser. Para ser conscientes de nuestra verdadera naturaleza resplandeciente no tenemos que esperar hasta que seamos lo suficientemente *buenos* o lo suficientemente *espirituales*. De hecho, este cambio de perspectiva que va del pensar al ser tan solo puede darse justo aquí y justo *ahora*. La libertad que buscas se halla en tu interior, en el mismísimo núcleo central de cada momento. Dios está en cada pensamiento, en cada sentimiento, en cada palabra y en cada acto.

En *este* momento perfecto, tú, yo y todo el mundo estamos completos y somos divinos.

El milagro de la apertura

Cuando te encuentras en una situación que hace que te tambalees al borde del precipicio y en la que no hay escapatoria posible, ¿qué es lo que haces?: ¿adoptas la actitud de «no voy a mover un músculo» y te vuelves más sólido y rígido, o más bien piensas «bueno, veamos a dónde nos lleva esto» y adoptas una actitud mucho más suave y fluida? Cuando de verdad estás entre la espada y la pared y todas y cada una de las fibras de tu ser gritan de dolor, ¿te cierras en ti mismo para no dejar que nada de ello te afecte o te abres y le das una oportunidad a esa sensación para que penetre en tu interior, para acogerla como si fuese un amigo? Sean cuales sean tus circunstancias, siempre puedes volver a caer rápidamente en las reacciones defensivas empleando las mismas estrategias de siempre, o bien hacer una pausa, respirar profundamente y permitir que el milagro de algo nuevo tenga lugar. ¿Cuál es tu elección?

La primera opción —defenderte a ti mismo del dolor— prolonga la agonía. Cuando te cierras y te contraes en ti mismo para protegerte, el dolor se convierte en una maldición que te persigue constantemente allá donde vayas. Aquello a lo que te resistes siempre te viene de vuelta continuamente, una y otra vez; cuando te retraes e intentas escapar del dolor se crea un nudo de tensión que te está pidiendo a gritos que seas consciente de él. Puedes tomar la decisión de alejarte y dejar que tu vida se deforme como pueda para adaptarse a las afiladas aristas de tu resistencia, pero lo único que conseguirás así es acabar atrapado por tu propia negación a entregarte a tu apertura. Con el tiempo, tu mente se va enredando en historias, tu cuerpo empieza a retorcerse y a enmarañarse con las emociones retenidas y tu espíritu clama anhelante por recobrar la plenitud del Amor.

La segunda opción —adoptar una actitud suave y distendida y ceder ante el dolor— hace posible un verdadero milagro. Al darte permiso a ti mismo para relajarte en aquello que te está produciendo dolor, se abre una puerta que te lleva a un nuevo nivel de la experiencia que enriquece tu vida y transmuta el dolor convirtiéndolo en una bendición. Independientemente de cuál sea la forma concreta que adopte el dolor, siempre puedes tomar la decisión de relajarte en él, de respirar a través de él y de fluir por sus contornos. Lo que importa no es si puedes o no hacer que desaparezca, si puedes arreglarlo o resolverlo, sino la amplitud de tu propia *apertura* alrededor de ese dolor y la profundidad de tu *presencia* cuando estás inmerso en él. Ya se trate de los punzantes sentimientos remanentes de una relación que se ha terminado, las oscuras sombras de algún trauma infantil o una enfermedad debilitante que te está minando por dentro sin darte un respiro, siempre puedes tomar la decisión de aceptar el patrón que tu vida haya adoptado en *ese* momento.

Es importante no confundir la aceptación con la resignación. Suspirar cansadamente y pensar, «Bueno, las cosas son así», pudiera parecer una señal de que has hecho las paces con las cosas, pero si eres honesto de verdad tendrás que admitir que dentro de ti, en lo profundo de tu interior aún te estás resistiendo a *lo que es*. La aceptación, por el contrario, es un «¡Sí!» consciente a la vida *tal y como es ahora*. Se trata de elegir entre la contracción y la relajación: la contracción crea separación y miedo; la relajación integridad, completitud y paz.

El gran misterio y la gran belleza de todo esto es que cuanto más te abres para dejar que la vida penetre en ti, más relevante es, más sentido tiene y más sagrada —e igualmente más ligera, alegre y placentera— se vuelve. En la aceptación la vida se convierte en un juego multidimensional que está aquí para ser disfrutado, una representación divina, *lila*. Esta maravillosa paradoja es uno de los secretos del camino espiritual.

La única manera de deslizarse por el filo de la navaja hacia la libertad es la entrega consciente a *lo que es*.

Acoger al dolor como a un amigo

La buena noticia es que en realidad cuanto más acoges y aceptas el dolor, más fácil es seguir haciéndolo. Es como un músculo que se va fortaleciendo cuanto más lo usas. Con el tiempo, el dolor deja de ser el enemigo y se convierte en un amigo que te acompaña en tu viaje por la vida.

Es algo que aprendí hace muchos años a fuerza de errores cuando después de diez años de matrimonio, mi relación con mi marido terminó de forma drástica y abrupta. Prácticamente de un día para otro, todo mi mundo quedó devastado y reducido a escombros. Todo aquello con lo que me había identificado había desaparecido, y en su lugar quedaba un oscuro y sombrío hueco al que yo no me atrevía a mirar. Con el tiempo volví a recomponer mi vida y a juntar los pedazos de una forma admirable, pero cuando estaba sola, una oscura masa de miedo amenazaba con volver a hundirme en las tinieblas. Finalmente llegó un momento en el que no me quedó más remedio que aceptar que el dolor producido por el abandono que había sufrido en mi niñez —que me había perseguido desde que podía recordar— estaba llamando a mi puerta una vez más. ¡Solo que en esta ocasión lo hacía con mucha más intensidad! Y así, en vez de huir nuevamente, tomé la decisión de hacer las paces con él y de acogerlo como si de un amigo se tratase.

Sin nada que perder, me di cuenta de que también podía relajarme profundamente en el dolor; cuanto más me entregaba a ello más se mitigaba mi miedo y, finalmente, la víctima asustada que hasta entonces había sido acabó por disolverse en el océano de mi ser. En la inmensa amplitud espaciosa de *ese* momento me sentía totalmente en armonía conmigo misma y con la vida. Lo que antes me parecía tan terrible resultó ser una de las lecciones espirituales más profundas que he recibido.

La única manera de deslizarse por el filo de la navaja hacia la libertad es la entrega consciente a *lo que es*.

Somos tantos los que nos resistimos al dolor porque pensamos que no forma parte del plan divino: «¿Cómo ha podido Dios —el Creador todopoderoso y omnisciente— permitir que suframos?». Pero lo cierto es que cuando experimentamos el dolor estamos recibiendo una invitación para regresar a nuestra verdadera naturaleza. Hay una historia maravillosa que hace referencia al santo indio Neem Keroli Baba; cuando trataba con gente que no hacía más que quejarse sobre sus dificultades personales y su dolor siempre les respondía: «A mí me encanta mi sufrimiento... ¡Siempre me lleva más cerca de Dios!».

Cuando abrazas completamente tu dolor con la amplitud de tu apertura y la profundidad de tu presencia despiertas a la resplandeciente esencia que constituye tu verdadera naturaleza. El corazón es el puente que une la consciencia personal con la consciencia universal. Y así, cada vez que tomas la decisión de abrir el corazón un poco más porque has escogido relajarte y distenderte en lugar de contraerte, disuelves otra capa más de los condicionamientos que te impiden ver la realidad de tu naturaleza esencial. Siempre que eliges amar, creces espiritualmente. Este es el único y verdadero camino para liberarse del sufrimiento.

Pero no te quepa duda de que una vez que te hayas comprometido con tu propio crecimiento espiritual se presentarán los mayores retos y las mayores dificultades a las que te hayas tenido que enfrentar. En otras palabras, el compromiso espiritual no va a hacer que evites el dolor: una vez que das un paso en el camino del despertar, ¡en realidad ya no hay vuelta atrás! Cada reto, cada dificultad, te llevará a un nuevo límite de tu resistencia que te exigirá que te relajes y te sueltes un poco más aún. Y esto sigue sucediendo una y otra vez hasta que esta relajación se convierte en tu misma naturaleza, hasta que toda división entre dolor y placer desaparece y finalmente te fundes con la Unidad divina.

Despertar al Amor y a la Verdad

A medida que te vas abriendo más y más para permitir que la vida penetre en ti, todas las partes de ti mismo y de tu vida que aún no hayan sido rodeadas de amor aparecerán a la luz de la consciencia para que puedas ocuparte de ellas. Cuando te comprometes con esta entrega consciente es cuando te encuentras cara a cara con todos esos asuntos complicados contra los que normalmente te revuelves; puede que se trate de alguna relación tormentosa, o del negro abismo de la inseguridad financiera; quizá se trate de alguna adicción o de la acuciante desesperación que te produce el no haber triunfado en tu carrera. Sea lo que sea, puedes elegir reaccionar echándote hacia atrás horrorizado, o bien puedes elegir acogerlo *tal y como es*, abrazarlo con ternura en tu corazón. La primera alternativa te mantiene atrapado. La segunda te libera.

En cierta ocasión vi una película sobre la vida del maestro espiritual Ram Dass y me impresionó mucho su capacidad para abrirse a sus propias desgracias, haciendo así que estas se convirtiesen en su propia sanación. Llevaba una vida muy activa, viajando y enseñando por todo el mundo, cuando sufrió un derrame cerebral que le dejó paralizado de un lado, atado a una silla de ruedas y con dificultades en el habla. Le hubiese resultado muy sencillo retraerse en el «pobrecito de mí»; podría haberse amargado y haber arremetido contra la vida y contra Dios, pero en lugar de eso, lo que hizo fue abrir su corazón más aún para dar cabida en él a su dolor, a su confusión, a su decepción, a su miedo y su impotencia. Este maestro espiritual se había pasado años negando las necesidades de su cuerpo para poder así llegar a la «más alta consciencia», pero ahora tuvo el valor y el coraje de confrontar y, en última instancia, aceptar, la verdad de su propia mortalidad.

El corazón es el puente que une la consciencia personal con la consciencia universal.

Al abrir su corazón a su experiencia *tal y como* esta se presenta, Ram Dass no solo ha conseguido sanar su tormentosa relación con su cuerpo, sino que también ha sido bendecido con un silencio profundo que impregna cada momento de su vida. Hoy en día es más feliz y más sabio y se siente más en paz y más completo de lo que se había sentido nunca antes. Y, gracias a ello, es un maestro mucho más poderoso.

Tu corazón es un recipiente que puede contener en su seno mucho más de lo que crees. De hecho, tiene capacidad para albergar la totalidad de la experiencia de la vida. En este recipiente hay espacio suficiente para toda la belleza y todo el horror del mundo. El Amor no le niega a nada ni a nadie el acceso al néctar de la bondad humana, sin importar cuáles hayan sido sus acciones pasadas. En la amplitud espaciosa y sin límites de un corazón abierto, el Amor es incondicional y no juzga.

El Amor es aquello que no cambia. Y aquello que no cambia es tu verdadera naturaleza. Cuanto más profundizas en el Amor más claramente ves quién eres realmente. En su mayor parte, lo que percibimos está teñido por nuestros gustos y aversiones; el lienzo de nuestra realidad está formado a partir de patrones creados en la infancia. Aprendemos lecciones rigurosas sobre cómo es la vida y después categorizamos las cosas como *buenas* o *malas*. Pero cada vez que nos contraemos porque no podemos soportar sentir el dolor en toda su profundidad estamos evitando mirar a la vida directamente a los ojos. Con el tiempo, nuestra visión de las cosas y del mundo se va distorsionando. Quedar atrapados en este constante juzgar y etiquetarlo todo significa que percibimos el mundo a través de las lentes miopes del pensamiento centrado en el *yo*, que tan solo sirve para empequeñecernos y para hacernos sentir separados y profundamente solos.

La Verdad tan solo se revela en toda su desnudez cuando vemos con los ojos del corazón, y eso significa ver las cosas tal y como son. Sin adornos, sin ajustes... tan solo la conciencia pura y desnuda. La Verdad es la experiencia directa de *lo que es*.

La Verdad es penetrar en *este* momento con la profundidad de tu presencia. Es lo que sucede cuando estás anclado en el *ahora*. Abrirte a la vida significa ser fiel a ti mismo respecto a cómo te sientes *realmente*. Tan solo puedes trascender tu sufrimiento admitiendo su verdadera profundidad, no evitándolo sorteándolo, sino pasando *a través* de él. Cuanto más te abras a la vida más profunda será tu experiencia y más cerca estarás de la verdad de quién eres.

Lo cierto es que eres más profundo de lo que puedes imaginar, más inmenso de lo que pudieras haber soñado en tus sueños más atrevidos. La verdad es como una espada que corta a través de todas tus construcciones egoicas para revelar así todo el esplendor de tu naturaleza esencial. Al atravesar y cortar en dos todo lo que es falso te quedas tan solo con la absoluta vacuidad del Ser que es tu más alta gloria. Lo cierto es que esa persona que *crees* ser no existe. Solamente el silencio infinito de la consciencia es real. En la profunda verdad de la conciencia silenciosa es donde descubres que eres Dios. Porque, en *este* momento, *Dios es todo lo que hay.*

HACER EL AMOR CON LA EXISTENCIA

El Amor y la Verdad son como dos amantes cuyo abrazo cósmico da nacimiento a la vida una y otra vez. Al principio de la Creación, cuando la Existencia surgió de la nada, el Big Bang creó una ruptura tan inmensa que el Uno se dividió en dos y se convirtió en el *yin* y el *yang*, en las energías esenciales masculina y femenina. Todo lo que existe es una manifestación del *yin* y el *yang* uniéndose en su anhelo de recobrar la plenitud, la totalidad. La vida no sería posible sin esta hermosa danza. Otra forma de decir esto es que Dios —la fuente de todo lo que existe— se manifiesta a través de la cualidad receptiva femenina de *ser* (el Amor) y a través de la penetrante cualidad masculina de la *presencia* (la Verdad).

Todo lo que es natural —todo lo que es fiel a su naturaleza— es una expresión de estas dos energías. Piensa en un león... ¿Alguna vez has visto a un león culpándose y martirizándose por no ser lo suficientemente bueno? Un león siempre es un león sin vergüenza o embarazo alguno, siempre está totalmente presente en *este* momento, así como en el momento de acechar a sus presas, de desgarrar su carne, de rugir defendiendo sus dominios o de dormitar plácidamente cuando ha saciado su apetito.

O piensa, por ejemplo, en una flor... Una flor ofrece su presencia en todo momento en forma de la belleza de sus colores o de su embriagadora fragancia. Ni el león ni la flor tienen sentido alguno del *yo* y lo *mío*. No están ni divididos internamente ni en guerra con el resto de la vida; la naturaleza está siempre en un estado de completitud. Hay mucho que aprender en el simple hecho de observar la naturaleza de los animales y las plantas.

La naturaleza, sin embargo, no es consciente de sí misma, por lo que carece de esta dimensión de *amplitud* y *profundidad*. La naturaleza simplemente es. Únicamente nosotros, los seres humanos, tenemos la habilidad de abrirnos completamente o tan solo un poquito; solo nosotros somos capaces de zambullirnos y llegar realmente profundo o de limitarnos tan solo a introducir levemente la punta del dedo gordo del pie. Nosotros somos los únicos que tenemos este poder de transformación, esta capacidad para llevar nuestra consciencia del ámbito personal al ámbito universal. Y, por ese motivo, únicamente nosotros tenemos la oportunidad de reconocernos a nosotros mismos como manifestaciones de Dios.

En nuestro estado natural de plena y total divinidad, nosotros, los seres humanos, somos la completa encarnación del Amor y de la Verdad, pero la trayectoria lineal que ha seguido la evolución de la civilización nos arrastra lejos de nuestro centro, deformando con ello nuestro amor y distorsionando nuestra verdad. Respondemos ante la vida sobre todo con miedos autojustificados, en lugar de arriesgarnos a asumir la apertura del Amor. E, igualmente, optamos por ocultarnos tras nuestras mentiras en vez de encarar la verdad lacerante.

De este modo, escindidos como estamos tanto de nuestra propia naturaleza como del mundo natural, el Amor y la Verdad lo tienen muy difícil para poder volver a unirse en la Unidad divina.

La brecha que existe entre lo femenino y lo masculino es una herida abierta que subyace en el mismísimo núcleo de toda experiencia humana. A nivel interno la experimentamos como el conflicto entre las energías internas masculina y femenina. ¿Nos fiamos de la corriente de nuestra intuición o dejamos que sea la penetrante agudeza de nuestro intelecto la que marque las pautas? ¿Deberíamos cultivar más las relaciones con la familia y los amigos o dedicar nuestros esfuerzos a forjar una carrera? A nivel externo, donde más claramente vemos esta escisión es en la batalla de los sexos, especialmente cuando se da en el seno de las relaciones íntimas. También la vemos en los limitantes roles de género de la sociedad, en el conflicto que se da entre ciencia y misticismo y en la separación que hay entre cielo y tierra. En última instancia, esta dicotomía masculino-femenino es una expresión de nuestra propia separación de Dios. Por lo que parece, cuanto más nos alejamos de nuestra verdadera naturaleza, más sufrimos.

El Amor es aquello que no cambia. Y aquello que no cambia es tu verdadera naturaleza.

La forma de sanar esta separación consiste en encarnar e incorporar en nosotros conscientemente y en su totalidad la *apertura* propia de la energía femenina y la *profundidad* que caracteriza a la energía masculina, liberando así todo el poder espiritual de nuestra naturaleza esencial. El encuentro del Amor y la Verdad es un matrimonio alquímico que tiene lugar en el interior de cada uno de nosotros y que alberga en él el poder necesario para llevar a cabo la transformación personal y global. Al despertar al Amor y a la Verdad en *cada* momento y en *cada* aspecto de nuestras vidas volvemos a recuperar la *relación adecuada* y correcta tanto con nosotros mismos como con aquellos que nos rodean, con el planeta y con todos los aspectos de la vida. Y, al abrirnos de par en par para recibir la vida *tal y como es ahora* y penetrar profundamente en *este* momento, hacemos el amor con la Existencia misma.

La Existencia nos está suplicando que nos relajemos en su seno, que soltemos nuestras tensiones y abramos el corazón. Por supuesto, que lleguemos o no a escuchar esta súplica es otra cuestión, pues casi siempre nos la hace susurrándonosla al oído y, a nosotros, que no hacemos más que gritar «*¡yo, yo, yo!*», nos pasa desapercibida. Aunque hay ocasiones en las que no es así; a veces nos grita con toda su fuerza con la esperanza de que la escuchemos, como cuando la enfermedad nos golpea inesperadamente, o cuando, de repente y sin previo aviso, aquello que más queremos nos es arrebatado. Si estamos bien despiertos escucharemos la llamada y nos veremos irresistiblemente arrastrados más cerca de ella, como un amante que se siente atraído por su persona amada. De hecho, la Existencia misma *es* el Amado que siempre nos está invitando a abandonarnos al momento presente.

Cuando nos entregamos profundamente, todas las ilusiones se desploman, todos los pensamientos centrados en el yo y todas las acciones cuyo fin es proteger nuestra identidad individual quedan atrás. En su lugar aparece una alegría inmensa, espaciosa y sin límites y una profunda intimidad con la vida. Al ir soltando, al irnos relajando y abriendo más y más a través de todas las experiencias de la vida —desde las más mundanas hasta las más trascendentes, y de las más placenteras a las más terribles— vamos viendo cómo toda experiencia nos va conduciendo a los brazos de Dios. Y, en este momento, nos volvemos a crear a nosotros mismos como la totalidad. Así, el cielo y la tierra vuelven a estar unidos de nuevo.

CAPÍTULO 2

Una dimensión más profunda del Ser

PARA ENCONTRAR LA LIBERACIÓN espiritual no tienes que hacer una expedición por el Himalaya, ni tampoco es necesario que le des la espalda a la vida cotidiana. No obstante, lo que sí es necesario si eres sincero en tu búsqueda es que realices el viaje que va de la mente al corazón.

Para despertar a tu verdadera naturaleza tienes que echar el freno y cambiar de dirección. En primer lugar, lo que necesitas es ir más despacio y preguntarte a ti mismo: «¿Qué es lo que estoy buscando en realidad?». En segundo lugar, en vez de dejarte llevar totalmente por cada pensamiento y cada deseo que aparece en tu mente, puedes pararte un momento y preguntarte: «¿Es esto lo que realmente quiero?».

Puede que creas que otra caja de bombones u otro par de zapatos te van a hacer feliz, o que pasarte horas y horas hablando con tus amigos por teléfono va a hacer que te sientas más conectado, o que esforzarte y trabajar duro para ascender en tu carrera te va a hacer sentir más fuerte, pero lo cierto es que la mayor parte del tiempo todas estas cosas no son más que distracciones que impiden que te conozcas a ti mismo de verdad. ¿Te has dado cuenta de que los momentos en los que te sientes tentado de ir a por algo que crees que necesitas son justamente aquellos en los que no quieres pararte a sentir y afrontar tu malestar?

Mientras sigas buscando fuera de ti mismo algo que te haga sentir completo nunca vas a poder conocer la plenitud de tu naturaleza esencial.

DE LO HORIZONTAL A LO VERTICAL

La mayor parte de la humanidad vive en una realidad *horizontal* en la cual se busca en el mundo externo amor, poder, autoestima, riqueza, felicidad —o lo que sea que creamos que necesitamos del mundo externo—. Esta es la realidad en la que vive el ego, y puesto que el ego lo ve todo en términos de ganancia o pérdida, se produce un intento constante de conseguir tanto como sea posible para *mí*, para lo *mío*, a partir de las demás personas, del mundo, de la vida y de Dios.

En esta realidad horizontal hacemos transacciones inconscientes con la familia, los amigos o la pareja con el propósito de sentirnos mejor. Estos son algunos de los contratos tácitos que establecemos: «Necesito que te quedes junto a mí para poder sentirme querido»; «Necesito que estés de acuerdo conmigo para poder sentir mi propia fortaleza»; «Necesito que seas amable y cariñoso conmigo para poder sentirme lo suficientemente válida». ¿Te reconoces en alguno de ellos? En lo que respecta al mundo, vamos acumulando estatus, dinero y bienes de consumo para sentirnos más completos: «Necesito sacar buenas notas para sentirme fuerte»; «Necesito más dinero para así poder sentirme digno, para estar seguro de mi propia valía»; «Necesito más cosas para sentirme colmado». En lo que respecta a la vida, procuramos tener tantos placeres y diversiones como nos es posible para que no se nos vaya de las manos y lleguemos a la muerte sintiéndonos vacíos. Y en lo que respecta a Dios, le pedimos que nos conceda nuestros deseos para no tener que profundizar demasiado en nuestro propio dolor.

Vivir dentro de esta realidad horizontal en realidad significa que tu ego te persigue hasta el agotamiento mientras no para de buscar aquí y allá lo que sea para proteger a *mí* y a lo *mío*. Pero lo que ocurre en realidad es que da igual cuánto amor, dinero o estatus consigas extraer del mundo externo, pues nada de todo eso va a llenar nunca el vacío que sientes en tu interior. Lo cierto es que el amor, el poder, la valía y la abundancia que buscas se encuentran en tu interior.

Lo único que te hace falta para despertar del sueño de la separación es que te quedes quieto por un instante. Permitir que la consciencia repose sosegadamente en *este* momento significa que tu mirada se vuelve hacia dentro y que comienzas a ver las cosas con los ojos del corazón. Con la práctica, tus patrones habituales y la adicción al *yo* y lo *mío* irán perdiendo su urgencia y nuevas posibilidades se irán revelando por sí mismas. Cuando realizas el viaje que te lleva de la mente al corazón te alineas y entras en sintonía con una realidad *vertical* en la que la ilusión del ego se disuelve.

En esta realidad vertical no hay separación alguna entre *tú* y *yo*, o entre *tú* y el *mundo*; aquí lo único que existe es el eterno fluir de *todo lo que es*: tú, yo, todos y todo lo que existe no es sino una manifestación del Uno. Todos somos alimentados por la misma Fuente. Aquí es donde se encuentra el verdadero amor, el verdadero poder, el verdadero valor y la verdadera riqueza. El auténtico tesoro que estás buscando está en aquello que no se puede ganar ni perder. Y la única cosa que no puedes ganar ni perder es la joya de tu naturaleza eterna, la esencia de tu ser.

Vivir en una realidad vertical no significa que te conviertas en un asceta o un ermitaño. No es necesario que te niegues a ti mismo los lujos de la vida ni que te aísles de toda relación con otros seres humanos. Lo que realmente significa vivir en una realidad vertical es que ahora puedes disfrutar de la amplitud y de la profundidad de la vida tal y como está ocurriendo ahora mismo sin contraerte en torno a tus miedos o aferrarte a tus esperanzas.

Lejos de ser algo árido y aburrido, la vida en la realidad vertical hace gala de una rica textura y de una exquisita fragancia.

Una revolución espiritual total

Para mucha gente el viaje del despertar es prácticamente lo mismo que convertirse en una «persona espiritual». Es como si la espiritualidad se pudiese añadir a la lista de la compra junto con otras cosas como una casa grande, una relación perfecta o una vida cómoda y sencilla. Pero la verdadera espiritualidad no es un producto, no es una mercancía, no es algo que podamos comprar con el fin de mejorar nuestras vidas.

Por lo común, ser una «persona espiritual» significa hacer cosas espirituales, pero si no volvemos verdaderamente la atención hacia el interior, todo el yoga, los cánticos y las afirmaciones positivas del mundo no van a ser capaces por sí solos de transformar nuestra consciencia. El materialismo espiritual impregna y domina la cultura moderna y causa estragos a nuestros egos. El maestro de budismo tibetano Chögyam Trungpa, famoso por su descabellada y enloquecida sabiduría, lo describió como la creación de una magnífica y hermosa tienda de basura: no hacemos más que recolectar información, conocimientos y metodologías provenientes de tal filosofía o de cual camino espiritual hasta que nos convencemos a nosotros mismos de que ya nos hemos convertido en una persona espiritual, cuando en realidad lo único que hemos conseguido es acabar con una habitación llena hasta los topes de conocimientos de segunda mano, lo cual no es más que otra exhibición de la «grandilocuencia» que caracteriza al ego. Para el ego que está al servicio del pequeño yo, cueste lo que cueste, no resulta nada complicado cambiar un disfraz por otro. Uno de los errores más comunes en los que incurrimos en el camino del desarrollo personal es precisamente este ego que se oculta tras la máscara del «yo espiritual» y, por lo que parece, es un error en el que nuestra cultura obsesionada y enloquecida por el poder cae con especial facilidad.

La cuestión es que no importa cuántos árboles hayas abrazado o cuántos libros espirituales hayas leído, pues hasta que no sientas un ardiente deseo de Amor y de Verdad tan solo te estarás engañando a ti mismo. Muchas veces ser espiritual tan solo sirve para crear aún más separación. En un viaje a la India que hice hace varios años pasé algún tiempo viviendo estrechamente con un grupo de occidentales. Una de las mujeres de este grupo dejaba impresionados a los demás con sus historias sobre todos los gurús que había conocido y todas las disciplinas espirituales que había practicado. Ella estaba encantada de compartir sus experiencias siempre que surgía la más mínima ocasión, y la mayoría de la gente la escuchaba de buen grado, pero según fueron pasando los días y las semanas, esta mujer iba demandando cada vez más y más atención por parte de los demás y cada vez era más crítica con cualquier persona que no estuviese de acuerdo con ella, hasta el punto de llegar a insultarles y abusar de ellos mental y emocionalmente.

El verdadero tesoro que estás buscando está en aquello que no se puede ganar ni perder. Y la única cosa que no puedes ganar ni perder es la joya de tu naturaleza eterna, la esencia de tu ser.

Resultaba más que evidente que esta mujer se había creado una identidad tan fuerte en torno a su «yo espiritual» que había acabado por levantar una muralla infranqueable entre ella y el resto de los seres humanos. Tras esa fachada espiritual se ocultaba una pequeña niña muy sola y asustada. No solo había colocado a los «seres iluminados» en un pedestal, sino que también había relegado al «resto de la humanidad» a las cloacas. Por desgracia, ella misma se había quedado varada en algún lugar intermedio.

Hace falta valor, coraje y una gran honestidad para penetrar más allá del velo de la ilusión y dar el salto que va de simplemente hacer cosas espirituales a alcanzar un lugar de verdadera entrega y rendición. Solamente buceando profundamente en el misterio de la vida es posible romper el hechizo de la separación. Solamente abrazando totalmente la experiencia que estás teniendo en *este* momento puede darse una transformación real. Da igual si estás meditando en un templo dorado o inmerso en el bullicio y el ajetreo de un centro comercial... Cualquier circunstancia, sea cual sea, te ofrece la oportunidad de despertar.

En última instancia da igual lo mucho que luchemos para salvar las ballenas o lo mucho que cantemos por la paz mundial; ninguna de estas cosas creará una humanidad más armoniosa si seguimos divididos y escindidos por dentro. Si aún no te has aceptado y acogido plenamente a ti mismo, ¿cómo vas a ser capaz entonces de abrazar y acoger plenamente al mundo?

El viaje a nuestro propio interior es un requisito indispensable para que pueda darse cualquier cambio en nuestras circunstancias externas. Con demasiada frecuencia nos lanzamos a intentar arreglar el mundo antes de habernos preocupado por observar con honestidad qué es lo que está ocurriendo en nuestro interior. Creemos que haciendo buenas obras o participando en campañas a favor del cambio social conseguiremos hacer del mundo un lugar mejor, pero lo cierto es que, a la larga, estas cosas no funcionan. En última instancia da igual lo mucho que luchemos para salvar las ballenas o lo mucho que cantemos por la paz mundial; ninguna de estas cosas creará una humanidad más armoniosa si seguimos divididos y escindidos por dentro. Si aún no te has aceptado y acogido plenamente a ti mismo, ¿cómo vas a ser capaz entonces de abrazar y acoger plenamente al mundo? Tan solo el Amor y la Verdad pueden sanar el mundo, sin más luchas, sin más división entre lo que está bien y lo que está mal. Pero si no eres capaz de sumergirte en tus profundidades y de distenderte en tu propio dolor, entonces tampoco vas a poder amar verdaderamente al mundo.

Tan solo mediante la transformación de la consciencia puede darse una revolución espiritual total. Si cada uno de nosotros asumimos la plena responsabilidad de nuestra propia realidad interna, entonces habrá una posibilidad para que se dé un cambio real en el mundo que nos rodea.

Proyectamos en el mundo aquellos aspectos de nosotros mismos que etiquetamos como *inaceptables* o *malos*, y después, a su vez, consideramos *inaceptables* o *malos* estos aspectos que creemos ver en el mundo en la misma medida en la que nos los ocultamos a nosotros mismos. El mundo es tal y como lo percibimos; si crees que no eres digno de ser amado te comportarás de formas que resultarán ser poco amorosas hacia ti mismo y, así, experimentarás el mundo como un lugar cruel y falto de amor; si crees que los seres humanos son criaturas inherentemente egoístas, tratarás de protegerte de los demás y, de esta manera, experimentarás el mundo como un lugar egoísta; si crees que Dios es un ser vengativo, siempre intentarás «hacer lo correcto» para protegerte así de su ira y experimentarás la vida como un lugar gobernado por el castigo. Tus creencias fundamentales sobre ti mismo, sobre los demás, sobre el mundo, la vida y Dios, son las que crean tu realidad. Y, análogamente, las creencias colectivas de la humanidad crean el mundo en que vivimos. El mundo de violencia, codicia y alienación en el que vivimos hoy en día no es más que un reflejo de esa estructura basada en el miedo desde la que operamos la mayoría de nosotros; toda la división política, económica y religiosa que vemos en el mundo es simplemente un reflejo de lo divididos que estamos internamente.

La consciencia únicamente tendrá poder transformador si volvemos la atención hacia el interior. Esta es la clave para una verdadera transformación tanto de nuestro mundo interior como del exterior. Para que pueda darse un cambio personal y global la consciencia ha de realizar una revolución —ha de girarse y dirigirse al interior—. Tan solo mediante la transformación de la consciencia puede darse una revolución espiritual total. Si cada uno de nosotros asumimos la plena responsabilidad de nuestra propia realidad interna, entonces habrá una posibilidad para que se dé un cambio real en el mundo que nos rodea.

UN UNIVERSO HOLOGRÁFICO

Gran parte de la historia de la humanidad ha sido ensombrecida por un velo que ha mantenido a la realidad interior separada de la exterior. Esto sigue siendo cierto hoy en día;

para la gran mayoría de la gente, el aspecto externo de sus vidas está desconectado de su condición interna, y, de esta manera, sienten que el estado global de las cosas no tiene nada que ver con su estado de consciencia. Desde que Newton proclamase que el universo funciona como una gigantesca máquina que sigue la estricta ley de causa y efecto, los seres humanos hemos quedado excluidos de la ecuación global. Se trata de un lugar frío y solitario en el que nuestro único propósito consiste en mantenernos fuera de la vida como espectadores impotentes.

Pero, a la luz de los nuevos descubrimientos que se están realizando en campos como la física cuántica, la medicina holística, la neurofisiología y la investigación de la consciencia, esta visión tradicional del mundo en la que la materia y la energía (o la consciencia) son entidades separadas ha dejado de tener sentido. La visión actual establece que, lejos de ser linear y mecanicista, la realidad es de hecho *fluida* y *holográfica*. Hoy en día científicos de vanguardia están llegando a la misma conclusión a la que han llegado los místicos a través de los siglos: que la Existencia está compuesta de una red de energía en la que todo está interconectado y en la que no hay separación alguna entre los mundos interno y externo. Por decirlo de otro modo, la consciencia y la materia son totalmente interdependientes y nuestra realidad se crea a partir de esta interacción.

En un universo holográfico puedes hacer zoom en cualquier parte y encontrar una representación exacta de la totalidad. Es un punto de vista que concuerda con la sabiduría ancestral que proclama que «el microcosmos contiene el macrocosmos», o «tal como es arriba, así es abajo». Podemos encontrar ejemplos de la naturaleza holográfica de la Existencia dondequiera que interactúen el mundo de la materia y el de la energía. La podemos ver en la correlación que hay entre los ciclos de la naturaleza y los de la vida humana, o en la relación que existe entre la colocación de los planetas en el momento del nacimiento de un individuo y la expresión concreta de su psique, y también en el hecho de que el desarrollo evolutivo de la consciencia en el reino animal refleja la biología del cerebro humano.

Este mapeado holográfico se parece mucho a las geometrías fractales, en las que, por mucho que nos acerquemos, un patrón sigue dando lugar al mismo patrón y todos ellos revelan siempre la totalidad del mismo. William Blake lo expresó de la forma más elocuente cuando dijo: «Para ver el mundo en un grano de arena/y el cielo en una flor silvestre/abarca el infinito en la palma de tu mano/y la eternidad en una hora».

Incluso aunque la consciencia de las masas sigue atrapada en el mundo newtoniano convencional, el paradigma colectivo de la realidad ha ido cambiando lentamente en los últimos años. A medida que cada vez más y más personas se convierten en buscadores espirituales, experimentan con psicotrópicos y descubren nuevas realidades a través de diversas herramientas de transformación personal, así también se van volviendo más permeables los límites que separan lo interior y lo exterior. Aunque parece que el mundo sigue funcionando como siempre lo ha hecho, en la actualidad hay una ola de cambio de consciencia que se está extendiendo por todo el planeta. Si ahora estás leyendo este libro significa que tú también eres parte de ella.

Recorrer todo el camino de vuelta a casa

Recuerdo que de niña solía sentarme inundada en una especie de éxtasis. Ajena a lo que estaba pasando a mi alrededor, disfrutaba de un estado de dicha que tan solo puedo describir como «volver a casa». Esta experiencia de «volver a casa» es, de hecho, el viaje que la consciencia realiza para regresar a su propia Fuente. Es el viaje que va de la realidad horizontal a la realidad vertical, y en cualquier momento podemos tomar la decisión de emprenderlo.

Muchos años más tarde ya me había olvidado de este santuario de paz interior y, como todos los buscadores espirituales, tuve que embarcarme en un viaje de redescubrimiento. Por el camino, me fui dando cuenta de lo fácil que resulta perderse o quedarse atrapado en esta travesía que nos lleva de lo horizontal a lo vertical. A partir de mis propias investigaciones personales llegué a distinguir tres niveles de realidad, cada uno de ellos con una dimensión interna (cómo percibimos *cada uno* el mundo) y una dimensión exterior (el mundo que creamos *colectivamente*). En aquel momento, para mí fue muy útil comprender este mapa de la consciencia, pues fue lo que me permitió dirigir mi atención a la dimensión más profunda del ser —ese «volver a casa» de mi primera infancia—.

El primer nivel de la realidad —el nivel con el que estamos más familiarizados— es el del ámbito *personal*. En el mundo de la ciencia este es el mundo *material*, el mundo de los objetos y los acontecimientos; se trata del mundo de la forma que funciona de acuerdo a la ley de causa y efecto. Aquí, las partículas viajan más lentas que la velocidad de la luz, por lo que los objetos aparecen como entidades sólidas separadas e independientes y los eventos se suceden unos a otros de forma secuencial. Este reino material se corresponde con la consciencia ordinaria que tenemos día a día, en la que percibimos el tiempo como lineal y el espacio como tridimensional.

Aquí es donde reside la *pequeña mente*, que piensa en términos de pasado y futuro, que separa el *yo* del *tú* y que, por lo general, se aferra a lo que sabe. En este ámbito lo importante es la autopreservación, la seguridad y la supervivencia —todas esas cosas que quizá sean necesarias para cruzar la carretera, pero no para dotar a la vida de profundidad y de significado—. Cuando operamos única y exclusivamente en este nivel seguimos siendo víctimas de nuestras circunstancias. La vida es *buena* o *mala* dependiendo de si nos gusta o no nos gusta lo que sea que esté sucediendo. Este es el mundo de la dualidad, la realidad horizontal en la que percibimos el mundo externo como un lugar del que tomar lo que creemos que nos hace falta para nuestro sustento. En este nivel estamos atrapados bajo el hechizo de la separación.

A nivel colectivo, este es el mundo basado en el miedo propio del racismo, del terrorismo y de la contaminación ambiental en los que vivimos inmersos actualmente. Es un mundo en el que la religión divide a las naciones, en el que cantidades inimaginables de dinero se invierten en desarrollo militar y en el que la brecha que existe entre ricos y pobres se ensancha de manera incontrolable. Al igual que nuestro mundo interno, el mundo externo también funciona en una realidad horizontal: competimos con los demás para conseguir lo

que queremos, dominamos a otros para sentirnos más poderosos y luchamos para proteger lo que tenemos. En este mundo
en que o ganas o pierdes, el resultado final únicamente puede
ser la destrucción.

El siguiente nivel de la realidad es el ámbito de la *transición*. En física es el mundo *cuántico*, donde la causa y el efecto
son fluidos y tan solo se pueden medir probabilidades. Aquí,
las ondas y las partículas son intercambiables y todo viaja a la
misma velocidad que la luz. En esta zona «intermedia» la forma
surge a partir del sutil y vibrante campo cuántico. En otras
palabras, la materia se crea a partir de la energía.

Es aquí donde convergen el mundo de lo visible y el mundo de lo invisible, donde los pensamientos, las emociones y la
intuición chocan con el mundo físico. Es el ámbito de la imaginación en el que recreamos, ya sea para mejorarla o para
empeorarla, nuestra propia realidad. Es el lugar en el que la
oración, la fe y la intención crean milagros, donde suceden las
sincronicidades y donde nos sentimos inspirados por un destello de genio creativo. Es también el mundo al que los cha-
manes han viajado durante milenios para traer de él la cura-
ción, y donde los buscadores de la Nueva Era viajan en busca
de una orientación más elevada.

El ámbito de la *transición* es el punto en el que la consciencia hace una pausa y se aleja del mundo de las formas externas.
En el espacio que hay entre *esto* y *aquello* es donde comienza el
viaje de la transformación. A medida que tu consciencia viaja
hacia el interior, vas dándote cuenta de hasta qué punto tu
mundo externo no es más que un reflejo de tu mundo interno.
Ahora ya no eres una víctima, sino un cocreador de la vida;

eres el que manifiesta su propio destino. Aquí, todos los acontecimientos de tu vida —sin importar lo grande o lo pequeño, lo placentero o doloros que sean— tienen sentido porque reconoces tu propio papel en su creación.

Muchos buscadores espirituales se detienen aquí creyendo que ya han llegado al final del camino. No es de extrañar, pues los dones que ofrece este reino son enormes y el sentimiento de empoderamiento que proporciona puede ser suficiente como para durar toda una vida. Sin embargo, si nos detenemos aquí, el viaje está incompleto. Únicamente el paso final que nos adentra en el reino de lo *universal* es el que nos lleva verdaderamente de regreso a casa. Este es, en el ámbito de la física, el mundo *virtual*, el mundo sin forma que está más allá de la velocidad de la luz. Aquí no hay tiempo ni espacio, tan solo un potencial creativo puro e infinito. Este ámbito ha sido llamado el Campo del Punto Cero y, lejos de estar vacío, es un campo universal invisible de energía virtual que parece contener el diseño o el modelo de la forma perfecta. Todas las cosas que existen surgen inicialmente de este campo, avanzan después hacia la esfera cuántica en la que se vuelven objetos manifiestos y acaban en el reino material como formas. El Campo del Punto Cero es inconmensurable, ilimitado y omnipresente. Existe en cantidad infinita y por lo tanto nunca se puede agotar. La ciencia ha estado investigándolo como una fuente potencial de energía libre ilimitada. La espiritualidad lo llama el Reino Trascendente de la Consciencia Pura, el Prana, el Aliento de Dios, el Espíritu Santo.

Esta es la realidad vertical en la que todos los límites se disuelven y la consciencia se funde con la unidad de *todo lo que es*. Cuando llegas aquí, reconoces tu naturaleza búdica, esa parte de ti que es eterna y verdadera. Y reconoces también que esa naturaleza de Buda está en todos y en todo, que es la base y el fundamento del cual surge toda la Existencia. Una humanidad que opera desde la profunda comprensión de que *todos somos uno* crea un campo de Buda vivo que tiene la capacidad de transformar la consciencia de masas y llevarla a un nivel superior.

Recorrer todo el camino que lleva de lo horizontal a lo vertical es la única manera de que la iluminación del despertar penetre en ti e irradie en tu experiencia de vida. Como tantos buscadores espirituales, yo misma también me pasé muchos años probando diferentes disciplinas espirituales, y con cada una de ellas pensaba que ya lo había «pillado», que ya había encontrado la felicidad, la libertad o la paz. Pero en cada ocasión, una vez concluido el periodo de luna de miel, volvía a sentirme tan desgraciada como antes. Tan solo cuando, finalmente, me di por vencida y dejé de intentar ser espiritual —es decir, cuando dejé de obsesionarme por tener experiencias agradables y evitar las desagradables— fue cuando tuvo lugar la verdadera transformación; cuando por fin me abandoné en la inmensidad de la vida, con todos sus altibajos, encontré la calma y la quietud que había estado buscando.

Si miras de verdad en lo más profundo de tu interior, llegarás a la inalterable verdad del Ser silencioso. En la entrega profunda la consciencia siempre regresa a la Fuente y descansa eternamente en el amor sin límites.

Despertar al Amor y a la Verdad en *todo* momento y en *todo* lugar es la única manera de transformarte a ti mismo y al mundo que te rodea.

ZORBA EL BUDA

Todo lo que existe es un portal de entrada hacia lo divino. Que percibas la vida como un lugar peligroso lleno de rincones sombríos y oscuros, de aristas abruptas y afiladas y de duras lecciones que aprender o que seas capaz de ver al Amado en todo lo que ocurre a tu alrededor depende de cuán profundamente hayas penetrado en la naturaleza de tu propio ser. Hasta el acto más mundano se convierte en una experiencia sagrada cuando la acoges en la ternura de tu amor y te abres profundamente a su verdad en *este* momento.

Recorrer todo el camino que lleva de lo horizontal a lo vertical es la única manera de que la iluminación del despertar penetre en ti e irradie en tu experiencia de vida.

No cabe duda de que resulta muy sencillo dejarnos atrapar por el hechizo de la separación mientras nos ocupamos de sacar adelante a nuestra familia, de ganar dinero para llegar a fin de mes, de esforzarnos por labrarnos una carrera o de participar en campañas en pro de la justicia. Los problemas y las luchas de la vida diaria constituyen un magnífico lugar para ocultarnos tras una montaña de tramas y de historias. Cuando estamos inmersos en el «tengo que hacer lo mejor por mis hijos» o el «he de preocuparme de mi futuro» no tenemos tiempo para volver la atención hacia una dimensión del Ser más profunda. Tradicionalmente se considera que involucrarse en la vida humana ordinaria es una distracción de la senda espiritual. Sin embargo, aunque esto puede haber sido cierto hace varios cientos de años, hoy en día ya no basta con retirarse a una cueva y contemplar la vida desde la distancia.

Lo único que hace la negación de la vida terrenal es ensanchar la brecha existente entre la experiencia humana y la expresión divina. Solamente abrazándolo todo es posible sanar esta separación. Se puede despertar al Amor incluso cuando estamos en medio de los retos, las dificultades, los obstáculos y las angustias propias del mero hecho de ser seres humanos. Podemos abrirnos a la Verdad incluso en medio de las «idas y venidas» que caracterizan los asuntos humanos. Dios vive *aquí* y *ahora*, no «ahí fuera» en algún otro lugar, y aunque lo más probable es que tú —al igual que yo— te veas inmerso en la vorágine del acelerado mundo moderno en el que vivimos, este y no otro es precisamente el lugar en el que descubrir el resplandor de tu verdadera naturaleza.

La consciencia únicamente puede evolucionar al siguiente nivel si aceptamos y acogemos plenamente tanto el placer como el dolor que conllevan ser una persona del siglo XXI. En el mundo occidental actual disponemos de más comodidades materiales de las que hemos conocido nunca en ninguna época anterior, tenemos más oportunidades para crecer y desarrollarnos que en las generaciones anteriores y más libertad para explorarnos a nosotros mismos y al mundo que nos rodea. No es necesario en absoluto que rechacemos los privilegios de la vida moderna, pero tampoco deberíamos pasar por alto las riquezas que ofrece el sumergirse en las profundidades del corazón. La nueva consciencia es un punto de encuentro entre el mundo interno y el externo. Se trata del viaje que nos lleva dentro de nosotros mismos para encontrar el Amor y la Verdad, así como para disfrutar igualmente de los frutos del mundo material. Tener una profunda pasión por la vida en todas sus manifestaciones y ser capaz a la vez de ver más allá de la realidad superficial del mundo material significa que uno puede «estar en el mundo pero no ser del mundo». Cuando somos capaces de abarcar por igual tanto nuestra naturaleza humana como la naturaleza divina, entonces es cuando podemos celebrar nuestra totalidad y darle un gran «¡Sí!» a la vida.

Osho, el visionario y místico iluminado del siglo XX tenía un nombre muy adecuado para el nuevo ser humano que está emergiendo actualmente: Zorba el Buda. Zorba el Buda es a la vez apasionado y trascendente. Él o ella disfruta de los placeres terrenales sin estar aferrado a ellos. Se lanza al mundo para trabajar, para jugar y para crear, pero también se ocupa de su interior para desarrollar su propia conciencia espiritual. Está plenamente presente en su cuerpo, pero al mismo tiempo sabe que su verdadera esencia es la naturaleza de Buda. Vive conscientemente, despierto al Amor y a la Verdad en todos los aspectos de la vida, de la comida al sexo, del trabajo al dinero, de las relaciones íntimas al medio ambiente. Convertirte en un Zorba el Buda significa que eres un ser humano plenamente integrado que vive en armonía con el mundo y ve a Dios en todos y en todo.

Dios vive *aquí* y *ahora*, no «ahí fuera»
en algún otro lugar.

Cuando cada uno de nosotros se convierta en un Zorba el Buda, entonces el mundo cambiará de verdad. Dejaremos de ser buscadores espirituales que llevan a cabo prácticas y acciones espirituales. En lugar de eso, la fragancia de nuestra verdadera naturaleza espiritual impregnará nuestras vidas en todos los sentidos. Ya sea que estemos fregando los platos, haciendo la comida, jugando con nuestros hijos o haciendo el amor, toda circunstancia puede convertirse en un momento sagrado. No tienes que rezar pidiendo que el Amor llegue a ti, pues una vez que has abrazado tu verdadera naturaleza te das cuenta de que *el Amor mismo es quien tú eres*. Y tampoco tienes que buscar la Verdad, porque cuando descansas profundamente en *este* momento ves que *la Verdad es todo lo que hay*.

Cuando incorporemos plenamente la apertura de nuestra naturaleza amorosa y la profundidad de la verdad que constituye nuestra propia esencia, daremos a luz a un nuevo mundo en el que no habrá separación entre lo material y lo espiritual, y en el que no habrá conflicto alguno entre lo humano y lo divino. En este nuevo mundo expresaremos el Amor cuidándonos a nosotros mismos, a los demás y al planeta que es nuestro hogar. La Verdad será la expresión de nuestros corazones abiertos de par en par. Todos podemos ser conscientes de nuestra naturaleza divina y convertirnos en un Zorba el Buda justo aquí y justo ahora. Este es el nuevo sendero de la vida consciente, que tiene el poder de transformar tanto nuestro mundo interno como el externo.

Las relaciones adecuadas

Vivir conscientemente significa estar en relación de forma correcta y adecuada con todos los aspectos de la vida. Tendemos a creer que las relaciones son algo que «tenemos», algo que hacemos encajar en nuestras vidas para conseguir así una cierta seguridad, amor o placer. Pero esto no es cierto: la vida misma *es* relación. En realidad estamos en relación con la vida todo el tiempo. Interactuamos con los amigos, con la familia, con nuestra pareja y con todas las personas con las que nos encontramos, ya sea en la oficina, en el supermercado o en el autobús. Interactuamos con nuestro trabajo cotidiano, con nuestra creatividad y con el propósito que tenemos en la vida. Interactuamos con el dinero, con la sociedad y con el mundo. Todos los días estamos interaccionando con la comida que ingerimos, con el medio ambiente y todos los recursos que utilizamos. En todo momento estamos relacionándonos con nuestro cuerpo, con nuestros sentimientos y pensamientos. No hay ni una sola cosa en la existencia con la que no estemos relacionados.

Los problemas que tenemos en una relación personal son los mismos que encontramos en la vida; si no podemos rendirnos y entregarnos al propio proceso de la relación, entonces tampoco vamos a ser capaces de entregarnos al proceso de la vida. Y viceversa. No importa qué forma concreta adopte nuestra relación o nuestra vida. Da igual cuáles sean los detalles concretos, si tenemos éxito o hemos fracasado, si somos ricos o pobres, e incluso si estamos tristes o alegres. Lo que *sí* que importa es en qué medida estamos siendo *totales*, si nos estamos entregando completamente a la vida y confiamos en ella para que nos lleve donde sea que tenga que llevarnos. La totalidad conduce a la intimidad, y la intimidad nos lleva a tener las relaciones adecuadas.

La pregunta que has de hacerte no es: «¿Cómo puedo hacer que una cierta relación encaje en mi vida?», sino más bien: «¿Cómo puedo hacerme aún más íntimo con la vida?». La intimidad con la vida significa despojarnos de las máscaras, dejar caer las defensas y penetrar en nuestras historias y argumentos recurrentes. Significa convertirse en un amante de *lo que es*.

Cuando amar *lo que es* pasa a ser más importante que la propia autopreservación es cuando se vuelve posible despertar del sueño de la separación. Y entonces el descubrimiento radical de lo que eres realmente es inevitable.

Osho solía contar una maravillosa historia que resume muy bien todo esto. Dice algo así:

Cuando Dios creó el mundo, él mismo vivía aún en la tierra, pero se veía constantemente asediado por las incesantes demandas de la gente que se acercaba a él rogándole que cumpliera sus deseos. Así es que Dios le consultó a su consejo qué debía hacer para escapar de estas demandas y algunos miembros del mismo le sugirieron que se escondiese en algún lugar remoto en lo alto de la cordillera del Himalaya. Pero Dios respondió que llegaría un momento en el que aquellos que se dedicaban a escalar y conquistar montañas le encontrarían. Otro miembro del consejo le sugirió que se escondiera en la Luna, pero Dios respondió que algún día el hombre también llegaría a la Luna. Alguien más le dijo que podía esconderse en las estrellas, pero la respuesta de Dios fue que, con el tiempo, acabarían encontrándole incluso ahí. Finalmente, alguien le susurró algo a Dios al oído, y este empezó a deleitarse de alegría: «Sí, me ocultaré en el único lugar en el que los seres humanos jamás me buscarán: ¡dentro de ellos mismos!». Y ahí es donde Dios ha estado escondido desde entonces.

La joya luminosa de tu verdadera naturaleza está mucho más cerca de lo que crees; se encuentra en la sustancia misma que forma tus huesos, en el latido de tu corazón, en la vibración de tu voz, en la mismísima intimidad de tu aliento. Todo lo que has de hacer es mirar dentro de ti mismo.

A lo que se te está invitando aquí —a medida que vayas leyendo y explorando cada uno de los siete capítulos siguientes— es a que hagas una pausa, a que gires tu atención y la dirijas hacia dentro y descanses por un momento en el espacio incondicional que siempre está aquí presente y que es anterior a cualquier manifestación. En lugar de buscar la salvación fuera de ti mismo, aprovecha esta oportunidad para abrirte a una dimensión más profunda del Ser. Es justo aquí —en el seno de esta presencia, de esta existencia, del hecho mismo de ser— donde puedes despertar a tu verdadera naturaleza y convertirte en aquello que buscas.

SEGUNDA PARTE

EL DESPERTAR EN PLENA VIDA COTIDIANA

«Cada átomo esconde bajo su velo la increíble
belleza del rostro del Amado».

MAHMUD SHABISTARI

CAPÍTULO 3

Encarnar la Divinidad

T U CUERPO ES EL REGALO más grande que nunca te han hecho y constituye un maravilloso portal hacia lo divino independientemente de la forma que tenga —de lo perfecto o imperfecto que sea—.

Con mucha frecuencia, aquellos que están siguiendo un camino espiritual niegan o ignoran el cuerpo, pero lo cierto es que no solo hace posible el milagro de la vida, sino que también contiene en su interior los secretos del universo. Justo aquí, en el mundo tangible de la carne y los huesos, está ya todo lo que necesitas saber sobre el mundo trascendente del espíritu. Tu cuerpo es un microcosmos de la Existencia: al igual que el mundo tridimensional de la materia contiene un campo de energía unificado de proporciones infinitas, así del mismo modo tu cuerpo contiene también el mundo invisible e indivisible de la consciencia. La física cuántica nos dice que cada partícula sólida está compuesta en más del 99,99 % de espacio vacío y que este espacio está en realidad imbuido intensamente del poder no manifiesto de la Creación. De la mis-

83

ma manera, si miramos de cerca, nuestro cuerpo está formado por un vasto e inmenso campo de inteligencia cuántica que constituye la fuente misma de nuestra vitalidad.

Aprovechar esta inteligencia innata no es solo la clave para gozar de una salud sin límites, sino que también es la vía de entrada que nos lleva a la verdad permanente. Al llevar la profundidad de tu presencia y la amplitud de tu apertura directamente a la densidad de la forma física se revela la realidad subyacente de tu naturaleza ilimitada. Resulta hermosamente paradójico que cuanto más profundizamos en el mundo de la forma, más cerca estamos de aquello que carece de ella.

Resulta hermosamente paradójico que cuanto más profundizamos en el mundo de la forma, más cerca estamos de aquello que carece de ella.

Cuando habitas con tu consciencia plena y totalmente en tu cuerpo se produce una disolución de los límites que te transporta de una localización espacio-temporal concreta a la esfera adimensional del Ser. En cada contracción de tus músculos, en cada temblor de tu piel, en cada latido de tu corazón y en cada susurro de tu respiración está la clave de la liberación extática. Lo que buscamos no está tan lejos: está *justo aquí* con nosotros en todo momento; es tan fácil dar por sentada nuestra forma física que olvidamos que Dios vive muy cerca de nosotros.

Sintonizar con el flujo cósmico

El cuerpo es un organismo sensorial exquisito capaz de detectar hasta la más mínima fluctuación en la sensación. Al poner toda la profundidad de la presencia en las sutilezas de los sentimientos que habitan dentro de nuestra forma experimentamos la efervescente vivacidad de nuestra naturaleza cuántica más profunda. Y es justamente aquí, en el reino cuántico —donde cuerpo y mente entran en contacto— donde podemos elegir o bien abrirnos para recibir el flujo de la Existencia en su totalidad, o bien cerrarnos y limitarnos a permitir que tan solo un pequeño hilillo de la energía de la vida llegue a nosotros.

Cuando nos cerramos a la plenitud de *este* momento nos estamos negando el acceso a un poder inteligente que contiene en su seno toda la información que necesitamos para alcanzar la salud y la armonía perfectas. La negación de *lo que es* significa que podemos escondernos tras malos hábitos alimenticios, adicciones alimentarias o una forma de vida en exceso sedentaria. Al «pobrecito de mí» le encanta caer en la entropía y echarle la culpa a la inevitabilidad de los procesos biológicos. La alta incidencia que las enfermedades degenerativas —como la osteoartritis, las enfermedades cardíacas o el cáncer— tienen en Occidente está más relacionada con nuestro victimismo que con las funciones fisiológicas en sí.

Contrariamente a lo que la mayoría de los profesionales de la medicina nos hacen creer, estas enfermedades no son causadas por el desgaste natural, sino que son el resultado de hábitos de vida que son un auténtico sabotaje hacia nosotros mismos.

Muchas veces, incluso cuando pensamos que nos estamos ocupando de nuestra salud adecuadamente, no estamos en sintonía con el flujo cósmico que es la fuente del auténtico bienestar. Hace algún tiempo leí la autobiografía de Jane Fonda. En ella relata cómo pasó de ser una jovencita neurótica totalmente desconectada de su cuerpo a convertirse en una mujer de casi setenta años que había aprendido a amar y a respetar todos los aspectos de su naturaleza física. Lo que más me impactó de su historia fue su meteórico ascenso a la fama a principios de los años ochenta como monitora de aerobic. En aquella época —cuando yo rozaba la treintena— ella era mi modelo a seguir, ¡y hasta me convertí en una prolífica monitora de aerobic durante varios años! Pero, al igual que ella, me di cuenta de que tan solo me estaba limitando a usar el control para tapar ese lugar hueco y vacío que sentía entre el cuerpo y el alma.

En su mayor parte, las dietas estrictas y las rutinas de ejercicios no son más que un producto de la perspectiva horizontal que tenemos respecto a la salud. Da igual cuántas pastillas de vitaminas tomemos o lo tonificados que tengamos los músculos si seguimos privando a nuestro cuerpo de lo que realmente le alimenta y le nutre. Un cuerpo que carece de la luz de la consciencia y del brillo del Amor no es más que un trozo de barro inerte. Se trata de una visión mecanicista del mundo en la que perdemos por completo la conexión con la sacralidad de nuestra naturaleza interior.

Cuando hacemos que la conciencia descanse en el vibrante campo de energía que se halla en nuestro interior se produce un cambio que hace que nos alineemos con lo vertical. Ahora el cuerpo deja de parecerse tanto a una máquina y se vuelve más como un instrumento musical. Un instrumento perfectamente afinado no ofrece resistencia alguna a la danza vibratoria de partículas que crea la armonía del sonido. Del mismo modo, un cuerpo sintonizado con el flujo cósmico no ofrece resistencia a lo que sea que esté sucediendo en *este* momento: está en perfecta armonía con el ritmo de la vida. En el reino horizontal estamos desconectados de la Fuente, luchamos por no caer y por capear las siempre cambiantes olas de la vida, pero en la dimensión vertical es el interminable flujo de *todo lo que es* el que nos alimenta y nos sustenta y tenemos una confianza implícita en los ciclos naturales tanto de nuestro mundo interno como del mundo externo en el que vivimos.

En la realidad horizontal somos inflexibles: intentamos controlar los detalles de nuestra vida, así como la forma en la que actúa nuestro organismo, pero en la realidad vertical somos fluidos: la vida carece de esfuerzo y las funciones corporales son pura poesía en movimiento. La manera en que movemos el cuerpo determina la manera en que nos movemos por la vida. Da igual si practicamos yoga, si corremos, hacemos patinaje o nadamos: mientras hagamos ejercicio únicamente para tener buen tipo y buen aspecto, o para demostrar que somos los más fuertes o los más rápidos, seguiremos estando fragmentados. Cuando el cuerpo, la mente y el espíritu no funcionan como un todo armonioso, lo que estamos haciendo es funcionar con «energía prestada», y llega un momento en el que nos agotamos. Ahora entiendo por qué pasé tanto tiempo en mi juventud en un continuo estado de fatiga a pesar de que, técnicamente hablando, estaba muy en forma.

Reconocer el cuerpo como un portal hacia lo divino significa reconocerlo y honrarlo como un vehículo de la expresión única y singular de nuestra alma. Cuando elegimos de forma consciente el modo de vida que llevamos, los distintos cuerpos que nos conforman —el físico, el emocional, el mental y el espiritual— se alinean y se ajustan de forma armoniosa. En este estado de unidad, todo movimiento —desde levantar una taza de té hasta el *asana* más complicado que pueda haber en el yoga— está completamente impregnado con la presencia y el amor de la Existencia. Así, no solo los movimientos de tu organismo, sino el propio movimiento de tu vida entera, pasan de ser algo que tú *haces* a convertirse en algo que es hecho *a través* de ti. Se trata de un cambio sutil en la forma de percibir, un cambio que va de la perspectiva centrada en la consecución de metas y objetivos propia de la realidad horizontal a la apreciación momento a momento que caracteriza a la vertical. Al expandir nuestra perspectiva para incluir en ella nuestra naturaleza multidimensional, dejamos de ser víctimas de la biología y nos convertimos en cocreadores de un estado de «salud superior» en el que prevalecen la paz, la alegría y la plenitud. Es mediante el poder de la rendición consciente que la energía cósmica de la Fuente penetra en nosotros llenando todo nuestro ser, haciendo así posible que nuestro cuerpo se convierta en un vehículo extático de lo divino. Osho solía llamar a esto «ser como un bambú hueco».

Afrontar los relatos que quedan almacenados en el cuerpo

Tu cuerpo es un mapa holográfico de cómo piensas, cómo sientes y cómo te manejas en la vida. Cada irregularidad, cada protuberancia, cada contorno y cada surco contienen en su seno una historia no contada. Puedes pasarte la vida entera huyendo de cosas a las que no eres capaz de encarar en la desnuda plenitud de tu conciencia porque las temes demasiado... pero el cuerpo nunca miente.

Todos los sentimientos que ignoras quedan almacenados en el cuerpo en forma de tensión. Todas las emociones que han quedado sin resolver quedan bloqueadas en el cuerpo y adoptan la forma de algún dolor, y toda limitación o todo pensamiento autodestructivo queda grabado en él en forma de debilidad. No ser capaces de afrontar la vida con la totalidad de nuestro ser significa que la resistencia se traduce en una retracción física. Factores como tener el abdomen tenso o respirar con poca profundidad —cuando se producen una y otra vez— se convierten en una armadura que creamos para cubrir y proteger la fragilidad de un corazón abierto. Y no hay nada como un cuerpo blindado con este tipo de armadura para evitar que nos relajemos y nos abandonemos a la deliciosa profundidad de nuestros propios sentimientos.

No cabe duda de que un cuerpo que ha aprendido a tensarse, a contraerse debido al miedo y a adaptarse a la superficialidad de los relatos y argumentos que nos contamos nos hace perder la sintonía con el ritmo natural de la vida. Pero ni la negación ni el control nos van a liberar del hecho ineludible de que estamos confinados a una forma física que nos limita y a todas las imperfecciones y fluctuaciones que le son propias. Tan solo mediante la total aceptación del espectro completo de la experiencia humana tal y como nos llega filtrada por los sentidos —del placer más extático al dolor más angustioso— podemos trascender esta densidad y alcanzar la luz. El cuerpo es mucho más que una compleja amalgama de sustancias químicas: es un portal bioespiritual hacia el reino cuántico de potencial ilimitado. Es *justo aquí*, en la evidencia tangible de nuestra propia existencia, donde podemos encontrar aquello que somos realmente.

Sin embargo, a veces simplemente renunciamos a reconocer nuestra forma física como una puerta de entrada capaz de conducirnos a la parte más sagrada de nosotros mismos. Es cierto que la nutrición y otros factores propios del estilo de vida que llevamos juegan un papel importante en las enfermedades y los trastornos biológicos, pero en última instancia, toda dolencia, toda afección y toda enfermedad tienen su origen en nuestra propia incapacidad para abandonarnos en esos lugares sensibles que subyacen bajo la dura coraza de las tramas y los relatos con los que cargamos. Las historias más comunes giran en torno al resentimiento, la crítica, la culpa y la falta de valía. Como dice Deepak Chopra, la bioquímica del cuerpo es producto de nuestras creencias, pensamientos y emociones. Cada pensamiento de repulsa que tenemos hacia otra persona o hacia nosotros mismos queda grabado en forma de recuerdo celular, el cual produce alguna disonancia a nivel biológico.

En la película *¿¡Y tú qué sabes!?*, la cual atrajo la atención del público general a la realidad cuántica, se describe este proceso de forma brillante. En ella hay una escena particularmente memorable en la que mediante unas animaciones muy elocuentes y divertidas se nos explica cómo los pensamientos y las emociones negativas que tenemos de forma recurrente crean el equivalente a una violenta tormenta en el cerebro, el cual envía neurotransmisores destructivos a todo el cuerpo que causan en última instancia la destrucción celular. Después se nos muestra cómo revertir el daño producido enviando mensajes de paz, amor y armonía.

El cuerpo es mucho más que una compleja amalgama de sustancias químicas: es un portal bioespiritual hacia el reino cuántico de potencial ilimitado.

El dolor, las enfermedades y el malestar siempre son una llamada de tu ser interno para que le prestes atención a *este* momento. Son una llamada para que dirijas tu atención hacia tu interior y escuches cómo tu cuerpo te está pidiendo a gritos que te aceptes a ti mismo. En el núcleo central de todo dolor, de toda enfermedad y de todo malestar siempre hay una falta de perdón. Cuando no somos capaces de perdonar a los demás por lo que nos han hecho ni de perdonarnos a nosotros mismos por sentirnos indignos de ser amados quedamos atascados en el pasado. Juzgar significa que nos negamos a crecer, a madurar y a asumir la magnificencia de todo nuestro potencial. Únicamente acogiendo cada capa de emoción en el momento en el que surge en un espacio libre de todo juicio podemos comenzar a disolver la armadura que nos hemos creado y pasar de estar enfocados en las ataduras del pasado y el futuro a estar centrados en la libertad de la presencia.

El perdón es la voluntad de experimentar la totalidad del dolor y, después, dejarlo marchar. El poder para cambiar siempre se encuentra en el *ahora* y el perdón tiene el poder de sanar todo dolor, toda enfermedad. Personalmente conozco a personas que se han curado milagrosamente de graves enfermedades al llegar a la raíz de la emoción que lo causó. Y es algo que también he experimentado yo misma con dolencias menores que han desaparecido cuando he investigado honestamente lo que subyacía debajo de ellas.

Todo achaque, toda dolencia, toda desviación de lo que es tener una salud óptima —tanto si se trata de una afección menor o de una gripe como si se trata de una enfermedad que amenace con acabar con nuestra vida como en el caso del cáncer— no es sino un mensaje que nos está llegando de la inteligencia divina. Incluso las deformidades congénitas y las enfermedades hereditarias o transmitidas son una invitación a soltar y a relajarnos para poder así abrazar nuestro yo más profundamente. Aunque puede que algunas dolencias no se puedan curar a nivel físico, mediante el poder del Amor se puede producir una enorme cantidad de sanación en el alma. En realidad los accidentes no existen: en el seno de cada aparente contratiempo, de cada percance de la naturaleza, subyace el infalible don de la transformación. Nunca es demasiado tarde para volver la atención hacia nuestro interior y emprender el viaje que nos lleva al hogar, a nuestro ser esencial.

COMER CONSCIENTEMENTE

La relación que tenemos con los alimentos que ingerimos es muy íntima y especial, y además constituye un reflejo maravillosamente fiel de cómo nos relacionamos con la vida misma. Se puede saber mucho acerca de la manera en la que afronta la vida una persona simplemente observando *qué* y *cómo* come.

Cuando era una veinteañera estaba obsesionada con encontrar la dieta adecuada. Probé muchos y muy distintos regímenes, desde los macrobióticos hasta los superalimentos pasando por los alimentos crudos, pero ninguno de ellos me funcionó, por lo que seguía padeciendo problemas digestivos y teniendo muy poca energía. No fue hasta muchos años después que descubrí que había pasado por alto un ingrediente esencial: el Amor. Lo que verdaderamente subyacía en todo eso era que no me quería a mí misma ni tampoco me gustaba mi vida. Estaba tan cerrada en mí misma que no era capaz de asimilar lo que la vida tenía que ofrecerme, y esto quedaba perfectamente reflejado en mi propia incapacidad para metabolizar lo que fuese que la naturaleza pusiera en mi plato.

Tras mucho ensayo y error, comprendí que la forma en la que digerimos los alimentos es también la forma en la que digerimos las experiencias de la vida. Cuando estamos alineados con la verdad de nuestro propio resplandor interior, nuestro fuego interno lo transmuta todo en bondad y virtud. ¡Puede que este sea uno de los más poderosos e importantes secretos en lo que respecta a la salud! La calidad del sustento —tanto los alimentos físicos como los del alma— que recibimos depende de la profundidad de nuestra presencia y de la amplitud de nuestra apertura. Lo que significa que hemos de ser conscientes de cómo estamos en cada momento. Y también, y muy especialmente, significa ser conscientes de cómo comemos.

Cuando estamos alineados con la verdad de nuestro propio resplandor interior, nuestro fuego interno lo transmuta todo en bondad y virtud.

Comer conscientemente no tiene nada que ver con la imposición de un estricto régimen alimenticio tan solo porque creamos que «es bueno para nosotros». Por el contrario, se trata más bien de indagar constantemente en lo que está teniendo lugar realmente aquí; es revisarse a uno mismo, comprobar en qué estado nos encontramos cada vez que nos sentamos a la mesa; es cuestionarnos: «¿Estoy abierto o cerrado? ¿Tengo el abdomen relajado y respiro lentamente o, por el contrario, tengo el abdomen en tensión y respiro forzada y aceleradamente? ¿Cómo me siento después de comer este alimento en concreto? ¿Qué efecto tiene en mi cuerpo, en mi mente, en mis emociones? ¿Me hace sentir más animada o más perezosa? ¿Me revigoriza o me hace sentir más deprimida?». Al comer conscientemente es más probable que elijamos una dieta ligera, fresca y pura, pues son precisamente este tipo de alimentos los que hacen que nos sintamos ligeros a nivel corporal, que tengamos la mente clara y despejada y que nos sintamos con espíritu alegre.

Comer conscientemente —al igual que vivir conscientemente— es un acto de amor. El hecho de mostrarnos atentos y delicados tanto hacia lo que tenemos en el plato como hacia nuestras propias respuestas corporales a lo que ingerimos refleja una profunda intimidad con la unidad de la vida. Esta sensibilidad nos permite ser conscientes de toda la cadena de eventos que han tenido que producirse para que los alimentos llegasen a la mesa, nos permite sentir cómo todas las partes de este periplo —desde la semilla plantada en la tierra hasta su embalaje en la fábrica— han tenido un efecto en la calidad vibracional de los mismos. La comida que llega a nuestros platos de una manera pacífica, que ha honrado y respetado la intrincada red de la vida a lo largo de su recorrido y que ha sido producida y servida con amor, tiene una calidad superior a la de aquellos otros alimentos que han sido producidos de forma agresiva y sin ningún cariño.

Muchas de las enfermedades que hoy en día son comunes en Occidente —y también los síntomas físicos y psicológicos del envejecimiento prematuro— son debidas a nuestra inconsciencia en lo que respecta a los alimentos; comer de forma inconsciente es una experiencia horizontal en la que con frecuencia recurrimos a alimentos con muchas calorías para sentirnos mejor. La gran mayoría de nosotros comemos demasiado: demasiado rápido y demasiada cantidad de los productos inadeacuados. Yo misma solía atiborrarme de comida como forma de intentar acallar o mitigar mis sentimientos, hasta que me di cuenta de que con esta actitud, siendo insensible a mis necesidades más profundas, no hacía más que perjudicarme a mí misma. Cuando nos aquietamos y respiramos conscientemente haciendo una pausa antes de dar el primer bocado, activamos la inteligencia innata de nuestro organismo. Y el cuerpo siempre sabe qué, cuándo y cuánto comer.

Vale la pena recordar que cuando nos atiborramos con comida basura nuestro organismo se convierte en un vertedero de sustancias tóxicas, pero también de sentimientos tóxicos. La comida basura es muy pesada, está llena de grasas, de azúcares y de aditivos artificiales, además de ser producida en masa en lugares en los que el Amor brilla por su ausencia. Con el tiempo, toda esta basura se acaba convirtiendo en una masa pegajosa que bloquea nuestras capacidades digestivas y que enturbia nuestra consciencia. El cuerpo y la mente están inextricablemente unidos. Los estudios de investigación nos muestran que el intestino actúa como un «segundo cerebro», pues posee la misma bioquímica y los mismos circuitos neuronales que este.

Amar tu cuerpo y amar los alimentos que tomas es algo que está mucho más allá de cualquier «moda de salud» pasajera. La comida es mucho más que calorías, vitaminas y minerales; tiene la capacidad de acercarnos a la verticalidad de nuestra naturaleza divina. Así como mi relación con la vida ha ido cambiando a lo largo de los años, también lo ha hecho mi relación con la comida. A medida que el hambre de Dios se ha ido convirtiendo en mi principal apetito, cada vez me ha sido más sencillo elegir qué comer y cómo y cuándo comerlo. Otra forma de expresar esto mismo sería decir que cuanto más profundamente descanso en la gracia del silencio interior menos necesito encontrar mi alimento en fuentes externas a mí misma. Hoy en día mi alimentación es muy sencilla, y sin embargo cada bocado es una delicia. Como menos, pero me siento más llena que nunca.

Tanto si te estás dando un suntuoso festín como si te estás comiendo un sencillo bocadillo, siempre puedes elegir entre verlo como una mera respuesta visceral al hambre que sientes o abrirte a recibir lo que realmente se te está ofreciendo con esos alimentos. Al reconocer la fuerza unificadora que impregna todo lo que existe, comer se convierte en mucho más que un simple asunto de supervivencia. En lugar de eso, pasa a ser una plegaria en acción, un homenaje a la generosa presencia de la vida. Cuando vemos a Dios en todas las cosas no podemos sino estar agradecidos por todo lo que nace del fértil suelo de la Madre Tierra. Al igual que nosotros, cada fruto, cada raíz, cada grano y cada semilla que crece en nuestro planeta es el espíritu condensado en forma de materia. Cada bocado que tomamos es un acto de comunión con un aspecto de lo divino.

Es el Amor el que nutre esa parte de nosotros que está más allá de la carne mortal y el que hace posible que el brillante resplandor del bienestar impregne profundamente todo lo que hacemos y todo lo que somos.

La sagrada comunión de la respiración

La relación que tenemos con la respiración es incluso más íntima que la que tenemos con la comida. Probablemente sea la vía de acceso más potente que se nos ha dado para penetrar en nuestro propio cuerpo.

Cuando ponemos toda nuestra consciencia en el propio acto de respirar —en la sensación de la respiración, a medida que sube y baja— penetramos directamente en la eternidad del momento presente. ¿Te has dado cuenta de que no puedes estar preocupado por el pasado o haciendo planes para el futuro y ser consciente de tu respiración al mismo tiempo? La respiración consciente es el camino más rápido y más corto para estar aquí y *ahora*.

Sin embargo, con demasiada frecuencia estamos atrapados en la mente y nuestra respiración se vuelve inconsciente. También se vuelve muy superficial y cerrada cuando la ansiedad hace que nos tensemos, o cuando el miedo hace que nos contraigamos. Cuando tememos dejar que la vida penetre en nosotros plenamente, la respiración se vuelve incompleta. Cuando la inspiración y la espiración no interactúan de igual a igual, sino que una es más larga o más corta que la otra, lo que hacemos es poner en marcha una batalla interna que no hace sino reflejar la batalla externa que estamos librando con la Existencia.

La respiración consciente, por el contrario, es un gran «¡Sí!» a la vida. Es relajarse profundamente en todo lo que este momento tiene que ofrecer. Este abandonarnos y relajarnos en la respiración hace posible que podamos acoger y abrazar con amor lo que sea que esté sucediendo. Tener el abdomen distendido y respirar relajadamente es algo que trasciende los restringidos y limitantes gustos y aversiones de la mente y que posibilita que abramos el corazón y nos sintamos bien con *lo que es*. Antes de abrirme al poder de la respiración consciente me veía en situaciones que hacían que me retrajese de nuevo en mis superficiales juicios habituales. Me di cuenta de que la subsiguiente tensión que se producía en mi respiración me causaba una sutil pero penetrante sensación de náusea que me nublaba la consciencia, y si simplemente me tomaba unos segundos para volver a respirar relajadamente, inmediatamente regresaba a la lucidez propia de un corazón que no juzga.

Cuando la inspiración y la espiración trabajan juntas en relajada armonía se completa el ciclo de la continuidad en el que el dar y el recibir fluyen el uno en el otro y se convierten en uno solo. El aliento nos muestra cómo recibimos la vida. Nos muestra cómo acogemos y le damos la bienvenida al mundo invisible de la energía y lo transformamos en el mundo molecular de la oxigenación. Es un acto de creación en el que nacemos a la frescura y a la novedad de *este* momento. La espiración nos muestra cómo soltamos, cómo nos desprendemos y dejamos que las cosas se vayan con la corriente de la vida; nos muestra cómo devolvemos al mundo invisible lo que ya ha sido procesado. Es un acto de entrega, de rendición, la muerte de todo lo que somos como preparación para nuestro renacimiento en el siguiente momento.

Una respiración completa sana la brecha de separación que hay entre la materia y el espíritu. Es una unión que tiene lugar en el corazón, tanto en términos metafísicos como en lenguaje tangible de la biología. Es ahí, en el corazón, donde tiene lugar la conversión bioquímica que transforma a la respiración en energía para la vida, y es también ahí donde experimentamos la totalidad unificada del Ser. Cada vez que respiramos vamos de la forma a lo que carece de forma; en el espacio que media entre la inspiración y la espiración es donde nos encontramos con Dios.

El acto de respirar nos es de lo más íntimo, y si le aportamos toda la profundidad de nuestra presencia y toda la amplitud de nuestra apertura, nuestra relación con *todo lo que es* podrá volver a ser una relación correcta y adecuada. Cuando respiramos tomamos el mismo aire que ha sido inspirado y espirado por todos los seres vivientes que han existido desde el origen de los tiempos. A través de la respiración somos uno con todo lo que existe. La respiración es un acto de amor, una sagrada comunión con la Existencia misma.

UNA INVITACIÓN A ESTAR AQUÍ Y AHORA

Te invito a que te tomes un momento para ser consciente de cómo es tu respiración ahora mismo. ¿Eres consciente de ella o estás atrapado en tus pensamientos? Tómate un momento para sentarte cómodamente y profundizar conscientemente en tu respiración, de manera que percibas cómo sube y baja tu pecho. ¿Puedes sentir la sensación del aire pasando por tus orificios nasales a medida que inspiras y espiras? Mantén tu atención en la respiración... Inspira suave, larga y lentamente. Asimila la plenitud de este momento exactamente tal y como es, siente cómo tu cuerpo está abierto para abrazar y acoger la vida. Y cuando te sientas completamente colmado, déjalo ir, suéltalo todo, vuelve a rendirlo todo a la corriente de la vida... Espira suave, larga y lentamente, y date permiso a ti mismo para relajarte profundamente en *este* momento *tal y como es*.

Puedes dedicar unos pocos minutos a hacer este ejercicio con los ojos cerrados, aunque también está bien hacerlo con los ojos abiertos a medida que vas leyendo. Ser consciente de la respiración en todo momento —cuando estés comiendo, cuando estés bailando, o cuando simplemente estés sentado en calma— es la clave para estar presente. La respiración es el hilo común que atraviesa todo lo que haces, y también es un portal hacia el Ser.

Cuando ponemos toda nuestra consciencia en el propio acto de respirar —en la sensación de la respiración, a medida que sube y baja— penetramos directamente en la eternidad del momento presente.

Si eres consciente de la respiración mientras te ocupas de las tareas del día a día significa que estás anclado en la verdad infinita de tu naturaleza esencial mientras que, a la vez, sigues siendo capaz de manejarte por el mundo de las formas. Es algo que impregna la vida con la frescura de la libertad ilimitada y aporta ligereza a cada uno de tus pasos.

Y ahora me gustaría invitarte a profundizar aún un poco más. Vuelve a poner la atención en la respiración. Si notas alguna tensión en el cuerpo, concéntrate conscientemente en esa área y lleva la respiración profunda y suavemente hacia ella. Al hacerlo, suelta la tensión en la espiración. Sigue haciendo este ejercicio hasta que sientas que tu cuerpo está más relajado. Intenta ser consciente del intervalo que media entre la inspiración y la espiración; es una suave pausa en la que no sucede nada, en la que tan solo hay silencio. ¿Puedes sentirla? No pongas demasiado esfuerzo en ello, tan solo sé consciente de ella con ligereza. Es como si estuvieses descansando en una nube... Haz una pausa y, después, deja que tenga lugar la siguiente inspiración o espiración.

Puede que, a medida que continúes respirando conscientemente de este modo, tengas la sensación de que tu cuerpo se vuelve más ligero, o puede que sientas cómo una sutil energía vibrante va pasando a través de ti. Según te vayas relajando más profundamente, es posible que sientas que tus límites físicos se van disolviendo. Disfruta de esta sensación, respira suave y profundamente en ella. Se trata de la forma convirtiéndose en lo que no tiene forma... Estás entrando en la dimensión atemporal del espacio interno.

El aliento en su continuo ir y venir, la respiración en su constante subir y bajar; no tienes que hacer nada más que relajarte justo *aquí*, justo *ahora*. Penetra profundamente en *este* momento, en *este* espacio. Si alguna sensación física entra en el campo de tu conciencia, simplemente penetra más profundamente en ella y lleva la respiración hacia su interior. Puede que sientas que tu cuerpo se vuelve traslúcido o que se vuelve muy expansivo. Respira suave y profundamente en esta sensación y abandónate al espacio ilimitado del *ahora*. Simplemente déjate ir en la infinitud de tu propia naturaleza interna. Disfruta de la sensación de estar a la vez en todas partes y en ninguna; eres uno con *todo lo que es*. Permanece así durante unos cuantos minutos más.

Ahora, muy lentamente, ve poniendo de nuevo la atención en tus límites físicos, nota como la respiración hace que suba y baje tu pecho. Pon la atención en tu cuerpo, ya esté sentado, de pie o tumbado. Percibe la sensación del suelo que hay debajo de ti y la solidez de tu propio cuerpo. Y cuando estés listo, abre lentamente los ojos y aprecia los colores y las formas que te rodean. Ahora respira profundamente... Ya estás listo para ocuparte de los asuntos del día. Probablemente notarás que te sientes mucho más liviano durante todo el día y que las cosas fluyen de una manera más ligera y sencilla para ti. Recuerda que puedes realizar esta pequeña práctica reservando algún tiempo para ella y cerrando los ojos durante unos minutos, pero también puedes llevarla a cabo independientemente de dónde estés o de lo que estés haciendo. Siempre que tomas conciencia del espacio sin dimensiones que reside en tu interior creas una apertura en tu vida por la que puede entrar Dios. Y, provisto de una mayor presencia divina, puedes soltarlo todo y limitarte a confiar en la benevolencia de la vida.

CAPÍTULO 4

Penetrar en el Ahora

En la película de 1997 *Contacto*, Jodie Foster interpreta el papel de una joven científica obsesionada con la búsqueda de vida extraterrestre, mientras que, al mismo tiempo, tiene completamente descuidadas sus relaciones con el resto de los seres humanos. En la escena más importante, se introduce en una cápsula futurista diseñada para llevarla a los confines más lejanos del universo, pero en lugar de viajar hacia el espacio exterior siguiendo una trayectoria lineal cae en un túnel del tiempo y viaja hacia dentro en un recorrido espiral que la lleva a la verticalidad y en el que la protagonista despierta a un poder mucho mayor que el de su propio intelecto. En este encuentro con lo inefable, ella se transforma, dejando atrás a la atea andrógina que tan solo veía la vida a través del prisma de la mente racional. En su lugar, aparece una mujer que irradia la belleza de un corazón al que Dios ha prendido fuego, una mujer que finalmente ha encontrado el amor que equivocadamente había estado buscando fuera de sí misma. El resultado de todo esto es que su realidad cotidiana se ve transformada, pues pasa de la lucha y la soledad a la alegría, la realización y la plenitud.

Del mismo modo, cuando nosotros también tomamos la decisión de atravesar el portal de la mente, dejamos atrás las limitaciones del pensamiento lineal y entramos en un majestuoso universo de posibilidades asombrosas. Cuando tenemos esta voluntad de encontrar lo que es real y verdadero, caemos en el hueco que separa a los pensamientos y descubrimos la inmensidad del Ser en el que el tiempo y el espacio colapsan en el *ahora* eterno.

Aquí —en este hueco, en este intervalo— la vida se vuelve sencilla y sin esfuerzo y recordamos esa paz infinita que es nuestro derecho de nacimiento.

PERDIDOS EN EL PENSAMIENTO

La mayoría de las personas son totalmente inconscientes de que están perdidas en el pensamiento. Se calcula que tenemos un promedio de tres mil pensamientos al día. Incluso cuando estamos dormidos no paramos de pensar, de dar vueltas en la cabeza a las cosas que nos han sucedido durante el día, escurriéndonos entre nuestros miedos y deseos a medida que van surgiendo en forma de sueños. Es indudable que pensar es la preocupación «número uno» de los seres humanos.

Cuando de joven, en mi etapa de estudiante de Psicología, me encontré por primera vez con la idea de que podemos acceder a un estado de consciencia que trasciende el pensamiento, me fascinó tanto que comencé a asistir a clases de meditación. Sin embargo, después de varios intentos de permanecer sentada en calma «simplemente observando cómo mis pensamientos aparecían y desaparecían como olas en el océano», me di cuenta de que, en realidad, estaba completamente perdida en el mar y en peligro de ahogarme. Según mi maestro de meditación, lo único que tenía que hacer era «dejarme llevar bajo la superficie y descansar en el vasto océano de la consciencia», pero a medida que cada pensamiento se elevaba y caía, yo me veía atrapada en la cresta de la ola y arrastrada aún más lejos de toda posibilidad de lograr algún tipo de calma. El pánico que sentía cada vez que me daba cuenta de la ingente cantidad de pensamientos que tenía llegó a ser tan intenso que abandoné la meditación y no volví a practicarla en muchos años.

Ahora, viéndolo retrospectivamente, entiendo que esa sensación de locura que yo misma había experimentado era una representación exacta de la situación en la que se encuentra la consciencia de la mayor parte de la humanidad. La gran mayoría de la gente está tan ocupada dejándose llevar por un torrente interminable de pensamientos que no es de extrañar que actualmente la humanidad esté ya «con el agua al cuello». Si tan solo tuviésemos el valor de detenernos durante un instante, nos daríamos cuenta de que estamos muy lejos de sentir la plenitud propia de nuestra naturaleza innata.

Todo este esfuerzo por mantenernos en esta corriente de pensamiento incesante no es más que un intento fútil de aferrarnos a aquello que, por su propia naturaleza, es esencialmente impermanente. En cuanto un pensamiento hace acto de presencia y sube a la superficie se nos escapa entre los dedos y es rápidamente reemplazado por otro. Al perseguir aquello que está perpetuamente en movimiento hacemos que la rueda del samsara no pare de girar. Es un mundo loco y enfermo en el que la actual realidad externa de miedo, codicia y violencia en la que vivimos refleja perfectamente nuestra realidad interna caracterizada por los pensamientos temerosos, defensivos y acaparadores. Los pensamientos siempre nos están diciendo que debemos hacer esto o no hacer aquello, que necesitamos lo de más allá o que deseamos esta otra cosa. Siempre hay algo más que conseguir antes de que podamos ser felices, siempre hay una cosa más que hemos que tener antes de poder sentirnos plenos y realizados. Hoy en día hay tanta gente atrapada en el *hacer* y en el *tener* que realmente han olvidado por completo cuál es el verdadero sentido de ser humano; han olvidado cómo *ser*.

Hacer y tener son como un intenso picor que no te puedes rascar. El sueño de la satisfacción eterna siempre está ahí, justo a nuestro alcance, lo tocamos con la punta de los dedos, pero nunca está *aquí y ahora*... ¡No es de extrañar que tanta gente esté exhausta debido al estrés! En lugar de eso, nos recreamos constantemente en los recuerdos de las cosas que fueron mal en el pasado o nos adelantamos a los acontecimientos para asegurarnos de que las cosas no vayan mal en el futuro.

El estrés es uno de los factores que más contribuyen a las enfermedades físicas y mentales. Una persona que padece altos niveles de estrés tiene el doble de probabilidades de desarrollar enfermedades cardíacas. Otras enfermedades relacionadas con el estrés son el cáncer, los trastornos estomacales e intestinales, los dolores crónicos de cabeza o de espalda, los problemas cutáneos, la ansiedad, la depresión y las crisis nerviosas, y también el suicidio está relacionado con él. Se ha demostrado que el estrés acelera drásticamente los procesos de envejecimiento al hacer que la rotura de los genes dentro de las células se produzca con mayor rapidez.

Pero el factor crucial es la experiencia *subjetiva* que tengamos del estrés. Por supuesto, el mundo moderno está lleno de estímulos estresantes. En particular la vida en las ciudades ha experimentado en las dos últimas décadas un incremento nada recomendable en lo que respecta a la sobrepoblación, a la contaminación acústica, al volumen de tráfico, al crimen y a los niveles de agresividad en general, pero no son los acontecimientos externos en sí mismos los que nos causan el estrés, sino más bien las *historias* y los *relatos* que creamos en torno a ellos. Hay una enorme diferencia entre pensar «Esto me ha fastidiado el día» o, simplemente, «Estoy sentado en el coche en un atasco»; o entre «Esto es una tortura; tengo cosas mejores que hacer» o «Estoy cumplimentando la declaración de la renta»; ¿o qué me dices del pensamiento «Es un bastardo, no me ama» en comparación con un simple «Se ha ido»?

Hoy en día hay tanta gente atrapada en el *hacer* y en el *tener* que realmente han olvidado por completo cuál es el verdadero sentido de ser humano; han olvidado cómo *ser*.

Tanto si se trata de pequeñas cosas como un atasco de tráfico, el ruido que hacen los niños, las facturas que tienes que pagar o llegar tarde a esa reunión tan importante, como si se trata de temas más importantes como un divorcio, un despido, estar arruinado o tener una enfermedad grave, siempre puedes elegir cómo responder ante la situación. Está bien documentado que quienes meditan regularmente muestran una respuesta mucho menor ante el estrés. Los valores de sus indicadores fisiológicos de estrés son inferiores a la media, pero además estas personas suelen tener una sensación de calma interna, son menos propensos a desarrollar enfermedades relacionadas con el estrés y envejecen más lentamente. La diferencia que hay entre los que meditan y los que no es que los primeros no se pierden en sus pensamientos; simplemente han aprendido a relajarse y a soltar todos los relatos y todas las historias mentales. Y, en este estado de relajación profunda, vemos la vida *tal y como es*... no como sentimos que es.

Este momento es un regalo

En los círculos espirituales hay un mito que se perpetúa a sí mismo, y es el de que tenemos que librarnos de la mente. Existe la idea de que la iluminación —la cumbre de los logros espirituales— significa vivir en una especie de burbuja de dicha y felicidad completamente ajena al pensamiento y al sentimiento. Sin embargo, esto está muy lejos de ser cierto.

A menudo encontramos disciplinas tradicionales que someten a la mente con técnicas sofisticadas como la repetición de mantras y oraciones o con visualizaciones complejas. El objetivo de los métodos de la Nueva Era es también trascender la mente, en este caso centrándose en reinos angélicos, en los maestros ascendidos o en otros estados elevados de consciencia similares. Pero tratar a la mente con una actitud tan violenta o tan despectiva simplemente no funciona. A menudo los recién llegados a la práctica de la meditación me dicen que no son capaces de impedir la entrada a sus pensamientos. Se quejan de que cuanto más tratan de mantenerlos fuera, más insistentes se vuelven, hasta el punto de que al final de la sesión de meditación se sienten más agitados que al principio.

No podemos liberarnos de la tiranía de la mente usando la fuerza o el engaño, porque aquello que se resiste siempre persiste. De hecho, la mente en sí misma no es el problema, sino nuestra identificación con ella. En otras palabras, el ego se ha identificado con los contenidos de la mente y cree que son reales, por lo que les concede así el poder de que sean estos los que creen su realidad. Aquello en lo que depositamos nuestra creencia siempre crece y se hace más fuerte. Por lo tanto, si usamos la mente para luchar o controlar la propia mente, lo único que conseguimos al final es fortalecer nuestro ego. Puede que en este caso nos sintamos mejor, pues ahora se trata de un ego espiritual, pero la verdadera libertad seguirá eludiéndonos.

En lugar de luchar contra ella, podemos ir más allá de la mente penetrando más profundamente en ella con la luz de la presencia. Dicho de otro modo, nos volvemos más presentes con lo que sea que esté surgiendo en este momento sin tener que cambiarlo: simplemente descansamos en la verdad de *lo que es*. Si pones tu presencia de forma absoluta en cada pensamiento que aparezca, perderá toda su importancia y toda su urgencia. Sí, inevitablemente le seguirá otro pensamiento, y luego otro, y otro, y así hasta el infinito. Pero cuando pones toda tu atención en lo que está teniendo lugar justo aquí, en *este* momento, se produce un extraño fenómeno: ¡el pensamiento se disuelve! Y si continúas estando presente a medida que surge cada pensamiento —y el siguiente, y el siguiente— la actividad misma del pensar acaba evaporándose.

Cuando pensamos en el pasado y el futuro significa que estamos operando en la dimensión horizontal. En este plano, siempre hay un «ir hacia» algo o un «alejarse de» algo, pero nunca un simple descansar en *lo que es* sin considerar que haya algo que cambiar. Es esta inquietud constante de la mente la que origina el miedo y nos mantiene como víctimas de las circunstancias cambiantes de la vida.

La cuestión es que el pasado ya murió hace mucho tiempo y el futuro aún está por llegar, por lo que ninguno de ellos existe: el tiempo es una ilusión. La única realidad que existe se encuentra en *este* mismísimo momento.

Te invito a que te des cuenta de que siempre que sientes miedo no estás plenamente presente aquí. Cuando estés en una situación así, puedes dar un paso atrás y preguntarte: «¿Qué es lo que está verdaderamente presente aquí?». La cuestión es que el pasado ya murió hace mucho tiempo y el futuro aún está por llegar, por lo que ninguno de ellos existe: el tiempo es una ilusión. La única realidad que existe se encuentra en *este* mismísimo momento. La vida entera es una serie continua e ininterrumpida de momentos presentes.

Cuando recuerdas que tan solo existe el *ahora* y te permites de verdad experimentar esto como la realidad, entonces te liberas inmediatamente de la tiranía de la mente.

Al abandonar la necesidad de controlar la vida te ves a ti mismo cayendo en el espacio que separa a los pensamientos, y en este espacio descubres el regalo del momento presente. Se trata de una libertad atemporal que no se ve empañada ni por lo que *ocurrió* en el pasado ni por lo que *pudiera ocurrir* en el futuro.

EL ARTE DE LA MEDITACIÓN

Solía asistir a una clase de yoga en la que la profesora tenía la costumbre de acentuar las posturas con un firme y enérgico: «¡Meditad, concentraos!». ¡A mí me daban unas ganas tremendas de saltar y decirle que la meditación no es concentración! No es un *hacer*, sino más bien un estado de *ser*.

La meditación no es más que una profunda relajación en la simplicidad de la conciencia silenciosa. Lo que significa que tú te conviertes en el testigo. Tenemos una enorme tendencia a etiquetar y juzgar todas las experiencias que tenemos; estamos constantemente comparando, siempre considerando a alguien o a algo como mejor o peor que alguna otra persona o alguna otra cosa. La mente siempre está poniendo todo por encima o por debajo de nosotros mismos. Cuando lo pone por encima nos sentimos inferiores y cuando lo pone por debajo nos sentimos superiores. ¡Es uno de los juegos favoritos del ego!

Cuando vas por la calle y pasas junto a un mendigo, ¿respondes sintiendo repugnancia o sintiendo lástima? En cualquiera de los dos casos, has juzgado su situación como peor que la tuya: le has puesto por debajo de ti. Cuando ves en televisión a esa famosa estrella de cine, ¿respondes con adulación o con envidia? Análogamente, en ambos casos has juzgado su situación como mejor que la tuya: la has puesto por encima de ti. No hay nada de malo en sentir compasión o reconocimiento por alguien, pero hay un mundo de diferencia entre comparar y ver las cosas con claridad. La primera es una función del ego y crea separación. La segunda surge a partir de la claridad propia de un corazón abierto y crea unidad.

No puedes detener tus pensamientos, pues tratar de hacerlo es como intentar detener las olas del océano. Pero lo que sí puedes hacer es dejar de juzgar, dejar de etiquetar y de comparar las cosas. Estés donde estés, te invito a que eches un vistazo a tu alrededor ahora mismo. ¿Lo que ves es «Otra vez lloviendo... ¡Maldito tiempo!» o ves simplemente gotas de agua que forman patrones al caer en este deslumbrante planeta Tierra? ¿Ves «¡Ha salido el sol! ¡Qué bueno es estar vivo!» o ves simplemente una luz brillante que te calienta la piel? Abandonar el hábito de etiquetar, juzgar y comparar es una forma magnífica de practicar la ecuanimidad o de «ver todas las cosas como iguales». Las cosas no son intrínsecamente buenas o malas, simplemente son como son. ¡Hasta podrías dejar completamente de nombrar las cosas! Imagina que estás mirando una flor. ¿Ves una «rosa roja» o puedes sencillamente descansar en ese lugar sin palabras que está más allá de la forma? En lugar de *pensar* en la flor, intenta limitarte a *estar* con ella y a dejar que su esencia se funda con la tuya. Te darás cuenta de que a medida que vayan cayendo todas las nociones sobre una «rosa roja» que pudieras tener, te irás quedando tan solo disfrutando del calor del sol en la absoluta simplicidad de la conciencia silenciosa.

También puedes practicar la ecuanimidad respecto a ti mismo. A medida que te vayas ocupando de las tareas del día, date cuenta de que cuando tienes pensamientos limitantes —como «No estoy seguro si alguna vez voy a tener éxito», o «Eso no puedo permitírmelo», o «¡La vida sencillamente es demasiado difícil!»— lo que estás haciendo es recriminarte a ti mismo por no ser lo suficientemente fuerte, perfecto o espiritual. Y, análogamente, cuando tienes pensamientos expansivos —como «Me siento en la cima del mundo», o «Soy verdaderamente rico», o «La vida no es más que un patio de recreo mágico y fabuloso»— lo que haces es congratularte por ser tan fuerte, tan perfecto, tan espiritual.

La meditación no es más que una profunda relajación en la simplicidad de la conciencia silenciosa.

Pero ¿y si estos pensamientos no fuesen más sólidos que las nubes que pasan por el cielo? ¿Y si el único peso que tienen es la importancia que tú mismo les otorgas? Cuando dejas de estar hechizado por tus propios pensamientos, entonces estos pierden todo su poder. Cuando ni los persigues ni te resistes a ellos, sino que en lugar de eso te relajas en una aceptación ilimitada, te das cuenta de que no son verdad. ¿Cómo podría la verdad estar contenida en el pensamiento cuando el pensamiento mismo no es más que una pequeña parte de lo que eres?

Cuando te abres de par en par para aceptar y dar la bienvenida a todo lo que surge —sin juzgar, sin comparar, sin etiquetar, e incluso sin nombrar— entonces el delicado velo de la mente se disuelve, revelando así el crudo y desnudo resplandor de aquello dentro de lo cual aparece la mente: el silencio del Ser. El silencio está siempre accesible para ti, justo aquí, en este momento. Este es el arte de la meditación. No es algo que practiques durante veinte minutos al día para después volver a caer en la inconsciencia. Para ser consciente no puedes esperar a ningún otro día, a ningún otro momento: tan solo puedes ser consciente ahora, en este momento. Y tampoco tienes que hacerte budista: tu propia naturaleza es ya, *ahora*, la naturaleza de Buda.

Por supuesto que ayuda disponer de un cierto tiempo al día para desarrollar la conciencia silenciosa. Hemos pasado tanto tiempo de nuestra vida perdidos en el bullicio del pensamiento que lo que ahora nos hace falta es alcanzar la quietud suficiente como para ser capaces de escuchar el silencio de nuestra verdadera naturaleza. Sé por experiencia que para desarrollar la ecuanimidad hace falta práctica. Reservar un cierto tiempo al día en el que poder hacer esto es como ejercitar un músculo atrofiado. Pero hace falta algo más que unos pocos minutos al día. En última instancia, la meditación es una forma de vida.

Independientemente de lo que sea que estés haciendo, siempre puedes o bien dejarte llevar por tus historias mentales, o bien dejarlas flotar mientras que tú permaneces anclado en la amplitud espaciosa de *este* momento. Toda actividad tiene lugar dentro de la verdad del silencio. Tan solo es cuestión de cambiar el centro de tu atención.

El silencio está siempre accesible para ti, justo aquí, en este momento. Este es el arte de la meditación.

El silencio es la naturaleza de la Existencia: es la base de todo lo que sucede. Al dominar el arte de la meditación en *todo* momento, nos alineamos con el orden cósmico y la vida deja de tener las restricciones impuestas por la necesidad de control del ego. Al sintonizar con la verdad esencial del silencio descubres la verdad de quién eres.

En el silencio, el *tú* que tú *piensas* que eres desaparece y, así, se revela la gloria de lo que eres *realmente*.

El Cielo de la Mente

Se dice que tan solo usamos el 10 % de la capacidad total de la mente. Aunque esto es difícil de probar, ciertamente parecen existir unas enormes reservas de inteligencia creativa que aún no hemos aprovechado —salvo, quizá, por esos pocos individuos que a lo largo de la historia han alcanzado la total iluminación o la consciencia de Cristo—. ¿Y si también nosotros pudiésemos controlar y aprovechar esas capacidades? Mi sensación es que, si pudiéramos, llegaríamos a conocer la mente de Dios.

Puede que ese 10 % de la mente que utilizamos de forma habitual sea precisamente el dominio del ego, mientras que el 90 % restante es el Reino de los Cielos. En el primero de ellos —el dominio del ego— nos vemos encadenados y restringidos por la identificación con el pensamiento lineal. Sin embargo, el segundo es tan libre e ilimitado como un cielo abierto y despejado. Del mismo modo que las nubes van pasando pero el cielo permanece inmutable, así nuestros pensamientos vienen y van y, sin embargo, lo que somos permanece. Somos mucho más inmensos de lo que nos imaginamos, mucho más poderosos de lo que nos atrevemos a aceptar.

Tendemos a apostar a la baja, creyendo sin ponerlo en duda todo lo que nos han enseñado sobre la realidad tridimensional, pero más allá de la esfera de lo material hay un mundo tan deslumbrantemente hermoso que nos dejaría boquiabiertos y haría estallar en pedazos a la mente pequeña y limitada. Más allá de lo que aparece y desaparece se encuentra la inteligencia infinita que ha orquestado todo este espectáculo.

Nada está separado de este poder divino. Tan solo parece ser así cuando lo vemos a través de las miopes lentes de la pequeña mente. Y eso nos incluye a nosotros. ¡Somos muchísimo más que una cabeza plantada sobre dos piernas! No es de extrañar que los científicos no puedan probar que tan solo usamos el 10 % de la mente: están buscando en el lugar equivocado. Puede que la mente pensante esté localizada en el cerebro, pero entramos en el Reino de los Cielos a través del corazón.

Tal vez ese 90 % de la mente que la ciencia no puede encontrar no esté limitado a una localización espacio-temporal concreta. Tal vez sea como el cielo, que está en todas partes y en ninguna al mismo tiempo. El Cielo de la Mente es la dimensión vertical de potencial infinito, el espacio en cuyo seno ocurren los milagros —los milagros no son únicamente cosas como convertir el agua en vino, sino que se presentan también en forma de pequeños estímulos o recordatorios para que despertemos a la bienaventuranza de la vida—; nos llegan en forma de intuiciones, de inspiraciones y de sincronicidades. Como cuando de pronto vemos las cosas con una mayor perspectiva y nos damos cuenta de que todo lo que nos ha sucedido en todo momento ha sido exactamente lo que nos hacía falta para crecer... y sentimos una gran gratitud por ello. O como cuando experimentamos un progreso inesperado y algunos aspectos de nuestro viejo sistema de creencias se derrumban, dejándonos temblando con la emoción de la liberación. O como cuando esa persona desconocida con la que hemos tropezado en un momento de confusión resulta ser un ángel que nos lleva en volandas a una nueva etapa de nuestra vida... y quedamos transformados para siempre.

Y, en todo caso, ¿qué es un milagro sino un cambio de percepción? Cuando tomamos la decisión de ver las cosas con los ojos infinitos del Amor en lugar de con la cerrazón y la tensión del miedo, dejamos de intentar entenderlo todo con la mente y dejamos que el misterio de la vida se ocupe de todo. En la mente, la vida es para nosotros un problema a resolver. En cambio, en la mente de Dios, todo es parte del plan divino. Tenemos la posibilidad de dar un paso para escapar de la ilusión de la realidad horizontal y despertar así a la perfección de la conciencia incondicional. Lo único que tenemos que hacer es dejarnos caer en la inmensidad del corazón.

El Cielo de la Mente es la dimensión vertical de potencial infinito, el espacio en cuyo seno ocurren los milagros.

En cierta ocasión alguien me envió un correo electrónico contándome una maravillosa historia real que demuestra el poder del Amor para crear milagros. Se trataba de un niño nacido en EE. UU. cuarenta y tres años atrás que había sufrido daños cerebrales en el nacimiento y que, debido a ello, no podía controlar sus extremidades. Los médicos recomendaron a sus padres que le internasen en una institución, pues su caso estaba clasificado técnicamente como muerte cerebral. Pero el padre tenía fe en que su hijo era más que un simple vegetal y se negó a hacerlo. En lugar de eso, al chico le facilitaron finalmente un equipo informático con el que se podía comunicar, y resultó que era muy inteligente. Cuando tenía once años le pidió a su padre que le llevase a una maratón benéfica de cinco millas para participar en ella. A pesar de que estaba totalmente fuera de forma, el padre corrió empujando a su hijo en una silla de ruedas y después de la carrera el chico le hizo saber que había sido la primera vez en su vida que no se había sentido discapacitado.

Ese día cambió sus vidas. El padre pasó de no ser capaz de correr más de una milla y no saber nadar, a participar con su hijo —tirando y empujando de la silla o llevándole en brazos— en maratones y triatlones, compitiendo con jóvenes atletas de nivel nacional e internacional, por lo que se ganó el título de «el padre más fuerte del mundo». Cuando el padre tenía sesenta y cinco años y su hijo cuarenta y tres, aún seguían haciéndolo —en palabras del padre, tan solo «por ver esa sonrisa» en el rostro de su hijo—. Y por si todo esto no fuese ya de por sí lo suficientemente impresionante, hace nueve años el padre sufrió un leve ataque al corazón y los médicos le dijeron que de no haberse encontrado en un estado de forma tan fantástico ya habría muerto unos quince años atrás. Así es que, en última instancia, se salvaron la vida mutuamente.

Vi un pequeño vídeo de los dos hombres en distintas etapas de sus vidas y quedé fascinada por el resplandor que ambos desprendían. Esta historia podría muy fácilmente haber sido un ejemplo de la miseria más abyecta, una prueba de que Dios es realmente cruel e injusto, pero en lugar de eso, es la historia de una vida bendecida por la gracia.

LA GRACIA DIVINA

Cuando era niña, creía que existía un poder superior invisible que sabía cómo estaban entretejidos todos los detalles de la vida, incluso a pesar de que a mí me pareciera que todo ocurría por azar. Por decirlo con otras palabras, tenía fe. Esta creencia me mantenía en pie cuando las cosas se ponían difíciles y me llenaba de una sensación de gracia y de gratitud cuando, sorprendentemente, las cosas parecían encajar en su lugar.

Sin embargo, a medida que iba haciéndome mayor fui perdiendo esta fe y la vida dejó de tener sentido. Con una perfecta simetría —aunque en el momento yo no podía darme cuenta de ello— dejé de confiar en el hecho de que la Existencia fuese mi respaldo y mi apoyo, por lo que las circunstancias que me rodeaban parecían ser cada vez más y más difíciles. Era una espiral descendente que me llevaba directa hacia la depresión. Y no fue hasta que mi vida tocó fondo realmente que me di cuenta de que podía elegir: podía o bien seguir pensando que todo estaba mal y quejándome de mi destino, o bien empezar a tomar nota y a ser consciente de las cosas por las que podía sentirme agradecida. Dado que ya había probado la primera opción y no me había aportado ninguna felicidad, decidí intentar con la segunda.

Fue precisamente por sentirme agradecida de las pequeñas cosas de cada día que las grandes también comenzaron a cambiar milagrosamente y, de este modo, empezaron a presentarse nuevas oportunidades ante mí. Con el tiempo, constaté nuevamente que una fuerza benévola estaba manejando los hilos entre bastidores y volví a sentirme imbuida con la clara sensación de haber sido bendecida. Comprendí que la gratitud —al igual que la felicidad— es una elección consciente que hemos de tomar. No se trata de que esperemos a que nos ocurran cosas buenas y, después, nos sintamos agradecidos —¡no es así como funciona!— sino más bien de sentirnos agradecidos por lo que tenemos en primer lugar y que, precisamente por eso, nos ocurren cosas buenas.

Incluso cuando no podemos encontrarnos peor, siempre podemos encontrar algo por lo que estar agradecidos. Podemos indagar más profundamente y sentir gratitud por las cosas sencillas de la vida, por todas esas cosas que damos por supuestas, por el milagro mismo de la vida. La gratitud es una elección que podemos tomar en *todo* momento. Y cuando así lo hacemos, sucede algo asombroso: que la vida se llena de gracia y de dicha.

Resulta muy complicado describir con palabras qué es la gracia, pues se trata de un inexplicable sentido de perfección o de un fluir que la mente no puede atrapar; tan solo podemos experimentarla en la parte más profunda de nuestro ser. Es lo que ocurre cuando estamos abiertos y disponibles para el amor infinito que nos rodea en todo momento —solo que, por lo general, estamos demasiado ocupados sintiendo lástima de nosotros mismos como para sentirlo—. Incluso cuando las circunstancias son terribles, cuando lo peor que pudiéramos imaginar ha ocurrido, podemos tomar la decisión de abrirnos a un significado más profundo y darnos cuenta de la perfección que impregna toda situación cuando la vemos con una mayor perspectiva. A veces nos hace falta que nos caiga un rayo para poder así despertar de la esclavitud del pensamiento limitado. Todo lo que ocurre está diseñado para nuestro crecimiento espiritual: en el plan divino no hay accidentes ni errores. Ram Dass lo denomina la «gracia feroz».

No se trata de que esperemos a que nos ocurran cosas buenas y, después, nos sintamos agradecidos —¡no es así como funciona!— sino más bien de sentirnos agradecidos por lo que tenemos en primer lugar y que, precisamente por eso, nos ocurren cosas buenas.

Cuando elegimos verlo todo como un regalo del misterio de la inteligencia divina, la gracia llega a nosotros como una bendición que nos abre los ojos a la asombrosa e impresionante belleza de la vida. Tengo la impresión de que en la actualidad la gracia está cada vez más disponible. Tal vez decir esto resulte extraño teniendo en cuenta que vivimos en un momento en el que nuestra mismísima existencia se ve amenazada por lo que está ocurriendo a nivel global. Pero incluso en medio de una situación tan precaria como la actual, está comenzando a surgir una nueva vibración que promete hacer realidad hasta nuestros sueños más descabellados. Es algo que quizá puedas percibir en el creciente número de personas provenientes de muy distintos ámbitos y condiciones sociales que están dejando atrás los antiguos sistemas de creencias y que están despertando a un nuevo paradigma de la vida basado en el Amor y en la Verdad. Muchas veces, este cambio se produce a través de un libro o de una película que consigue colarse en los medios de masas y extiende los límites de lo que llamamos realidad. Tal vez también hayas visto este fenómeno en las historias de transformación que te cuentan personas de las que jamás hubieses imaginado que darían este salto. O quizá lo percibas cada vez que sientes el contacto de las manos invisibles de los ángeles que te guían en el camino de la vida.

Es como si los velos que separan ambos mundos fuesen un poco más delgados que antes y tan solo tuviésemos que estirar el brazo y pedir que se nos muestre la luz. Vivimos en una época extraordinaria en la que las posibilidades de transformación están más cerca de lo que nunca antes lo han estado. A pesar de todos los horrores del mundo, existe en la vida una bondad inefable a la que podemos llegar cuando descansamos profundamente en esa quietud que se halla en el centro de la tormenta.

UNA INVITACIÓN AL SILENCIO DEL SER

Hay una meditación muy sencilla que puedes hacer en cualquier momento, en cualquier lugar e independientemente de lo que estés haciendo. En esencia, lo que consigue es traerte de vuelta al momento presente y liberarte de la tiranía del pensamiento.

Así es que, simplemente relaja tu conciencia de forma que sus límites se vuelvan menos densos. Sin esfuerzo alguno por conseguir nada, sin ninguna contracción de la mente. Es muy probable que poco a poco te vayas volviendo cada vez más intensamente consciente de tus pensamientos. Simplemente deja que pasen flotando, no los persigas ni intentes hacer que no aparezcan. Si tienes los ojos abiertos, entonces también serás consciente de lo que estés viendo, y puede que también de lo que oyes o lo que hueles. Una vez más, simplemente permite que todas estas sensaciones y todos estos pensamientos floten en tu conciencia y la atraviesen. Deja que tu conciencia se expanda hasta ser inmensa, vasta, ilimitada, abierta y libre como el cielo.

Cada vez que te des cuenta de que te has quedado fascinado por algo de lo que aparece en la pantalla de tu consciencia y sientas el impulso habitual de seguirlo con la mente, ¡DETENTE! Dedica un momento a ser consciente de la tendencia a perderte en el pensamiento. Y, a continuación, sencillamente relaja tu mente y permite una vez más que todo pase flotando por ella, como si fuese permeable. Es posible que te des cuenta de cómo todo aparece de la nada y luego desaparece nuevamente en la nada. Deja que tu conciencia repose aún más profundamente en esta nada, en este espacio vacío que hay entre los pensamientos. Haz que los límites de tu consciencia se ablanden, que pierdan su solidez, y descansa en la inmensidad del silencio que está más allá de todo pensamiento. Date cuenta de que el pensar no es más que una pequeñísima parte de todo ello. Sé consciente de lo infinito que es el silencio. Ábrete de par en par para dejar que todos los pensamientos pasen a través de ti. Percibe cómo los pensamientos pueden ir y venir, y, sin embargo, aquello en lo que aparecen sigue existiendo. En el eterno *ahora* de la conciencia silenciosa, la naturaleza esencial de *este* momento permanece intacta.

Esta conciencia abierta —ilimitada y libre como el cielo— se encuentra disponible para ti en *todo* momento. Da igual lo que sea que estés haciendo. Lo importante es que recuerdes que *ser* es el telón de fondo en el que tiene lugar todo *hacer*. Cada vez que te pilles a ti mismo perdiéndote en el pensamiento, preocupándote por lo que puede o no puede pasar en el fututo... ¡tan solo DETENTE! Tómate un momento para volver a enfocar la atención. Reposa profundamente en *este* momento y sintoniza nuevamente con el silencio infinito que está aquí presente, pues *este* momento es el único que existe, y el único que importa.

CAPÍTULO 5

Descubrir quién somos realmente

E L DRAMA DE LA VIDA comienza tan pronto como salimos del útero de nuestra madre. Esta película en tecnicolor llamada *Mi Vida* es tan fascinante y cautivadora que no tardamos en dejar atrás nuestra inocencia original, y, antes de que nos demos cuenta, ya estamos a millones de kilómetros de la perfección de nuestra naturaleza esencial.

Lejos de buscar la verdad de quién somos, lo que buscamos en realidad es seguridad, y de esta manera nos identificamos con *mi* cuerpo, *mi* intelecto, *mis* emociones. Nos aferramos con fuerza a *mi* éxito, *mi* poder, *mi* felicidad. E incluso también a *mi* fracaso, *mi* debilidad, *mi* infelicidad. Hacer que algo sea *mío* nos proporciona un sentido de ser alguien. Después de todo, cuando uno se ha olvidado de quién es, ¿no es mejor crear al menos una nueva definición de uno mismo? Pero al identificarnos con el mundo de los fenómenos internos y externos cometemos un error fundamental: permitimos que lo que nos define sean las cosas que tenemos y las cosas que hacemos, pensamos o sentimos. En otras palabras, nos perdemos en el mundo transitorio de las formas.

Para despertar y salir de la prisión del ego es necesario que te preguntes a ti mismo: «¿Quién soy yo?». Esta cuestión tiene por sí misma la fuerza necesaria para impulsarte y hacer que atravieses ese portal del yo, llegando así al abismo del Ser, en el que la vacuidad misma te está esperando para acogerte en su seno. Y al dejarte abrazar por aquello a lo que no te puedes aferrar, recuerdas que quién eres está mucho más allá de cualquier imagen fugaz que pudieras tener de *ti mismo*. En la zona atemporal de la quietud resplandeciente descubres que eres aquello que nunca ha nacido y que nunca muere.

Y mediante esta realización llegas a tu hogar, a la libertad de tu verdadera naturaleza.

La máscara de la personalidad

Todos hemos sido moldeados por la familia y por los condicionamientos sociales. Desde el mismo día en que nacemos, el espacio abierto e ilimitado que somos comienza a retorcerse para ajustarse a los patrones establecidos por las expectativas de nuestros padres. Somos tan sensibles a la más mínima fluctuación emocional que se produce en nuestro entorno que, para protegernos, nos vamos retrayendo un milímetro por aquí, nos contraemos un centímetro más por allá... Con los años, el miedo va deformando nuestra naturaleza esencial basada en el Amor y la resplandeciente sonrisa original de nuestro rostro se va moldeando para dar lugar a la máscara de la personalidad. Puede sonar terrible, pero en realidad es una parte inevitable del crecimiento.

El verdadero problema aparece cuando todas estas defensas del ego que erigimos se solidifican en roles en los que nos sentimos cómodos y terminamos creyendo que eso —esos roles— es lo que somos. Esta identificación con la coraza de protección que hemos construido alrededor del corazón de nuestra esencia implica que ahora pasamos a estar limitados por la propia definición que hacemos de nosotros mismos. Cuando te identificas con el relato «Soy un exitoso hombre de negocios», o «Soy una madre cariñosa» —o cualquier otra descripción—, lo que ocurre es que no te permites a ti mismo crecer más allá de esos roles. El hecho de estar firmemente atrincherados en una creencia —«Soy muy trabajador/soy despreocupado/soy agradable/soy desagradable/soy heterosexual/soy homosexual/soy inglés/soy chino/soy católico/soy musulmán...»— hace que sea mucho más difícil que descubramos la verdad de nuestra naturaleza ilimitada.

Eso no quiere decir que tengamos que borrar nuestra historia personal. Todos tenemos nuestras historias; historias de terribles fracasos o de victorias exultantes, historias de dolor, de desesperación, de esperanza, de magia... Es lo que nos hace humanos. Todo lo que experimentamos está teñido por los pensamientos, los recuerdos, las emociones y el estado de ánimo en el que nos encontremos y se convierte en una trama secundaria en la representación teatral de nuestra vida. Como seres sintientes que vivimos en un mundo tridimensional, no puede ser de otra manera. Pero lo que *sí* puede ser diferente es que nos identifiquemos o no con dichas historias. O, dicho con otras palabras, si las hacemos nuestras. Con el paso del tiempo me he ido encontrando con muchísimos buscadores espirituales que creían que habían despertado porque se habían desprendido de su historia «convencional» y se habían vuelto «alternativos». Muchas veces estas personas son sanadores o consejeros de autoayuda. Pero en realidad lo único que han hecho ha sido sustituir una historia por otra —quizá preferible—.

> El camino del despertar requiere que te sumerjas en lo profundo de ese terreno inexplorado y desconocido y que acojas plenamente tu totalidad.

Aferrarse con fuerza a cualquier relato, sin importar lo espiritual, iluminado o cósmico que sea, significa que sigues siendo víctima de tu propia biografía; lejos de ser libre, estás atrapado en una prisión que tú mismo has creado. La única manera de descubrir la verticalidad de tu verdadera naturaleza es preguntarte a ti mismo: «¿Quién soy yo?»; la autoindagación hace que tu identificación con tu biografía se afloje y se relaje, y que, en última instancia, revele la naturaleza ilusoria del yo.

Pero antes de poder trascenderte, has de hacer las paces contigo mismo. Cada vez que indagas y que te cuestionas quién eres, lo que haces es revelar otra capa más de ti mismo, y tienes así la oportunidad de dejar de estar en su contra, de volver a estar en paz con ese aspecto de tu propio ser. El camino del despertar requiere que te sumerjas en lo profundo de ese terreno inexplorado y desconocido y que acojas plenamente tu totalidad. Significa ver a través de todas las falsas capas de protección que te has ido poniendo y dejar el corazón al descubierto ante el mundo y ante Dios. Significa amar todas las partes de ti mismo y, al mismo tiempo, ser consciente de que eres mucho más que tan solo estas partes.

Más allá de los detalles concretos de tu historia particular, eres aquello que no puede ser alcanzado ni teñido por definición alguna. Tras la máscara de la personalidad, eres la pureza de la perfecta completitud.

Hazte amigo de tus monstruos

Cuando somos niños nos encanta expresarnos de forma libre y espontánea, pero tanto la familia como los amigos, la escuela y la sociedad, tienen todos ellos sus propios códigos de conducta. Sobre todo son nuestras energías naturales e instintivas las que son etiquetadas como buenas o malas. Recuerdo perfectamente cómo mis padres siempre me decían que «fuese buena». Cualquier muestra de rabia o de tristeza era rápidamente reprimida, por lo que crecí siendo incapaz de expresar ninguna de esas dos emociones. Por desgracia, lo que negamos suele tener la costumbre de volver a nosotros y clavarnos los dientes, por lo que acabé teniendo tendencias suicidas hasta que aprendí cómo liberarme de la rabia y del dolor que sentía.

Y, por lo general, no son tan solo este tipo de energías complicadas o difíciles las que son reprimidas; la exuberancia natural de los niños suele ser una molestia y un apuro para la mayoría de los adultos. ¿Recuerdas cómo cuando eras pequeño te decían que dejases de hacer el tonto, que te calmases y te comportaras como es debido? ¿A cuántos de nosotros nos han reprendido duramente simplemente por disfrutar de placenteras sensaciones corporales? Todo bebé nace rebosante de energía sexual y, sin embargo, cuando crece esta energía suele mezclarse con sentimientos de confusión y de disgusto.

La dependencia que tenemos de nuestros padres, no solo en cuanto al bienestar físico sino también en lo que respecta a recibir amor y cariño, hace que hagamos lo que sea con tal de mantener este vínculo. Si mostramos una emoción que provoca una retracción en su amor o en su atención, lo etiquetamos inmediatamente como algo malo. Y a este juicio le acompaña la devastadora creencia de que no somos dignos de ser amados tal y como somos. Esa insoportable vergüenza de sentirse imperfecto y, por lo tanto, indigno de recibir amor incondicional, significa que nos fragmentamos; nos dividimos para escindirnos de esas partes no deseadas de nosotros mismos y las relegamos al país de las sombras, a un lugar en el que no podamos verlas. Con el tiempo, olvidamos incluso que en algún momento formaron parte de nosotros. En otras palabras, sacrificamos nuestro auténtico ser.

Pero, en realidad, desterrar las energías con las que no nos sentimos cómodos no hace que desaparezcan. De hecho, lo único que hacen estas partes no amadas de nuestro ser es «pasar a la clandestinidad», vivir bajo tierra y desarrollar una vida secreta por su propia cuenta. No puedes destruir una energía natural, pero ella sí que puede destruirte a ti. Todas y cada una de las partes de tu psique están vivas y necesitan respirar.

Cuando las entierras, el flujo natural de su energía se distorsiona, por lo que tienen que buscar su expresión de formas subrepticias. Justo cuando pensabas que ya las habías ocultado convenientemente, vuelven a colarse en ti y te dan una sorpresa. Las energías inconscientes son como monstruos: son horribles, malvadas y destructivas.

Uno de mis exnovios estuvo durante años cargando en su interior con una ira no reconocida. Para todos los demás era «míster sonrisas», siempre tan encantador, tan despreocupado, alguien con quien era divertido y agradable pasar el rato. Pero de vez en cuando, sobre todo después de tomarse una o dos copas, cuando bajaba la guardia, aparecía bruscamente el furioso monstruo de la ira. Como yo era la persona más cercana a él, me llevaba la peor parte de sus arrebatos. Después, casi siempre se sentía lleno de remordimientos y le echaba la culpa al «¡Maldito demonio de la bebida!».

Todas y cada una de las partes de tu psique están vivas y necesitan respirar. Cuando las entierras, el flujo natural de su energía se distorsiona, por lo que tienen que buscar su expresión de formas subrepticias.

Esta clase de negación de lo que no queremos ver en nosotros mismos siempre se encuentra en la raíz de todo abuso, ya sea verbal, físico o emocional, y siempre actúa como una tapadera para el dolor y la vergüenza que llevamos en lo profundo de nuestro interior. Las personas que cometen actos violentos suelen haber sido a su vez víctimas de violencia en su infancia. Cuanto más tiempo permanezca algo relegado a la oscuridad de nuestro inconsciente, más probable será que acabe estallando y manifestándose de formas destructivas, pero cuando tenemos el coraje y el valor necesarios para hacer las paces con nuestros monstruos y tratarlos como amigos, su verdadera naturaleza queda restaurada: dejan de ser horribles demonios esperando para atacarte. En lugar de eso, se convierten en energías naturales que te informan de cómo te sientes para que puedas tomar las decisiones adecuadas en la vida. En definitiva, se trata de elegir entre el Miedo o el Amor, entre permanecer tenso y contraído en las formas familiares que te constriñen o abrirte suave y tiernamente a lo que de verdad está ocurriendo. Al escoger esto último —incluso aunque sea incómodo o nos asuste— transformamos a los monstruos en nuestros aliados.

Ir más allá de lo que está bien y lo que está mal cierra la brecha que esa división crea en tu psique y te pone en el camino de regreso a tu verdadera naturaleza. Cuando finalmente estés completamente a gusto contigo mismo, estarás también completamente a gusto con el mundo. Al abrazarte y acogerte a ti mismo tal y como eres abrazas y acoges también al mundo *tal y como es*.

Un nuevo y pacífico mundo surgirá cuando todos estemos en paz con nosotros mismos.

Reclamar tu auténtico Yo

Reclamar tu auténtico Yo es una de las aventuras más difíciles en las que te puedes embarcar, pero sin duda también se trata de un recorrido que vale más que todo el oro del mundo.

En la mayoría de los casos, la aventura del autodescubrimiento suele comenzar con la sensación de que hay algo que falta. Podemos pasarnos la vida entera con la persistente sensación de que algo está incompleto y, sin embargo, no hacer nada al respecto. En lugar de eso, intentamos llenar ese vacío que sentimos con comida, con sexo, con relaciones, con poder, dinero o con el éxtasis supremo. Pero si tenemos suerte, un buen día nos despertamos y nos damos cuenta de que nada de eso funciona realmente. Cuando escuchamos esa llamada que proviene de lo más profundo de nuestro ser es cuando puede dar comienzo la auténtica búsqueda de lo que es verdad. Y al estar dispuestos a ocuparnos de todas esas partes de nosotros mismos que durante tanto tiempo han sido negadas, nos abrimos a que la plenitud del Amor penetre en nuestra vida y nos vuelva a convertir en seres completos y realizados.

A medida que vas aprendiendo a hacer las paces contigo mismo, esa dura cubierta exterior que hasta entonces te definía se va relajando y reblandeciendo, hasta que acabas por hundirte totalmente en el tierno corazón de la más honesta vulnerabilidad. Y justo aquí —en tu corazón— es donde se encuentra ese niño inocente que lo siente todo con una deliciosa intensidad. Cada vez que el Amor te fue negado, fue tu corazón el que recibió la herida, pero es tu ego el que te ha hecho insensible al dolor creando a tu alrededor una fortaleza hecha de mentiras.

Normalmente, cuando estas viejas estrategias siguen en pie una vez que ya no son necesarias, es cuando percibimos que la estructura externa de nuestra vida comienza a derrumbarse. El matrimonio, la carrera profesional, la economía, el hogar... Todos estos aspectos de nuestra vida empiezan a llenarse de dificultades, de conflicto y confusión cuando hay algo en ti que te reclama desesperadamente que crezcas más allá de tus limitaciones. Cuando las cosas empiezan a desmoronarse a tu alrededor, puedes estar seguro de que el niño que habita en tu corazón te está llamando para que despiertes a todo tu potencial. Y hasta que no acojas y abraces de verdad esta parte de ti que ha sido negada y descuidada, seguirás siendo un niño en el cuerpo de un adulto.

Cuando escuchamos esa llamada que proviene
de lo más profundo de nuestro ser es cuando puede
dar comienzo la auténtica búsqueda
de lo que es verdad.

Lo que solemos considerar como el comportamiento adulto normal suele ser con mucha frecuencia tan solo nuestro niño herido, que vive su vida a través de nosotros. Merece la pena examinar esto detenidamente, porque cuanto más negamos a nuestro niño herido más poder tiene este para distorsionar nuestra percepción de la realidad. Al no ser conscientes de estas heridas, hay ciertas cosas que actúan como resortes, como detonantes que nos hacen reaccionar de forma inconsciente a situaciones que agitan en nosotros sentimientos profundos a los que hace mucho que hemos desterrado de nuestra parte consciente. Y dado que estos sentimientos y nuestra propia sensación de falta de valía van de la mano, nuestro ego levanta una barrera de defensa para protegernos e impedir que tengamos que sentir la verdadera profundidad de nuestras heridas. Si bien esto pudiera parecer un remedio útil, tiene el efecto secundario de catapultarnos al pasado; significa que no estamos viviendo en el resplandeciente fulgor del *ahora*.

Estos detonantes suelen ser una causa muy frecuente de discusiones entre parejas, pues es precisamente en las relaciones íntimas donde más vulnerables somos. Otras situaciones que actúan fácilmente como desencadenantes suelen tener que ver con cosas como nuestros padres, tener que tratar a nuestro jefe en el trabajo, tratar de cuadrar las cuentas o trasladarnos para ir a vivir a otro lugar. El tipo específico de defensa que utilicemos en una situación concreta ocurre de forma involuntaria e irá en función de nuestros condicionamientos; dependerá de las respuestas de comportamiento que la familia y la sociedad nos hayan enseñado, de nuestra predisposición genética y de nuestro karma. Pero todos los mecanismos de defensa tienen el mismo objetivo: protegernos y evitar que sintamos que no merecemos ser amados.

Estos son algunos de los mecanismos de defensa que se suelen activar comúnmente:

Culparse a uno mismo

El echarse la culpa a uno mismo es una forma muy efectiva de tapar los sentimientos reales que tenemos. La creencia «Ha tenido que ser culpa mía», cierra herméticamente cualquier sentimiento que hayamos aprendido a considerar como inaceptable. Cuando negamos nuestra expresión auténtica se va acumulando en nuestro interior un depósito de tristeza, de desolación y desesperación. Culparse a uno mismo es una forma de asegurarnos de mantener las distancias con el horror que se esconde en nuestro interior. Por desgracia, esto también hace que se apague en nosotros la alegría y la capacidad de disfrutar. Es como una pesada armadura que nos impide experimentar la vida en todo su esplendor y en toda su efervescencia.

Culpar a los demás

Se trata de otro de los grandes deflectores que usamos habitualmente para desviar los sentimientos reales que tenemos. «Es culpa tuya» cierra de un portazo cualquier posibilidad de establecer una comunicación real. En el juego de culpabilizar al otro estás constantemente golpeando la bola y devolviéndola al terreno de tu oponente. Dado que ambos estáis tan ocupados atacándoos y defendiéndoos, evitáis satisfactoriamente tener que compartir vuestra propia vulnerabilidad. Aunque puede que esta actitud reduzca el riesgo de resultar herido, también implica que cada uno de vosotros permanece aislado en sí mismo.

Insensibilización

Si piensas «No siento nada», es indicativo de que estás distraído, de que te has cerrado en ti mismo, te has contraído o has retirado la atención de la situación. En otras palabras, es señal de que a nivel emocional no estás disponible. A corto plazo es una manera muy eficaz de no sentir nada incómodo, pero a la larga este insensibilizarnos de forma habitual nos acaba conduciendo a una depresión moderada. Las conductas adictivas puedes ser evidentes, como el abuso de drogas, el alcoholismo o los trastornos de la alimentación, pero también pueden ser muy sutiles, y lo cierto es que todos tenemos este tipo de comportamientos en mayor o menor medida. Para poder detectarlos hace falta una honestidad brutal y verdadera presencia. Básicamente, si fumas, si bebes, si tomas drogas con fines recreativos, si comes, vas de compras o tienes sexo habitualmente tan solo *para sentirte mejor*, entonces es muy probable que o bien estés llenándote con todas esas cosas para mantener tus sentimientos a raya, o bien estés tratando de llenar con ellas el vacío que has creado en ti al insensibilizarte.

Codependencia

Si tu autoestima depende del amor o de la aprobación de otra persona, entonces no sabes quién eres realmente ni qué es lo que sientes. Si tratas de agradar, de complacer o de seducir al otro para así sentirte amado, entonces serás incapaz de revelar la totalidad de tu auténtico ser y la verdadera intimidad no podrá florecer.

Control

Si de verdad necesitas que las cosas salgan como tú quieres para sentirte bien, si estás obsesionado con el tiempo, si eres adicto al trabajo, sigues rutinas rígidas y tienes opiniones fijas sobre lo que puedes y lo que no puedes hacer, entonces el problema de fondo es que no confías en que la vida pueda llevarte con seguridad. Al controlar tu medio, lo que estás intentando es mantener a raya tus propios sentimientos de inquietud y de miedo cuando la vida da alguna muestra de ser impredecible. Es una batalla que tienes perdida de antemano, porque la propia naturaleza de la vida es el cambio.

Complacencia

Si te resulta difícil hacer valer tus opiniones con firmeza, si te es imposible decir no, si eres una persona complaciente en exceso o siempre estás tratando de hacer «lo correcto», entonces es el miedo a ser rechazado lo que te está impidiendo revelar tu yo verdadero. Por otra parte, la rebeldía no es más que la otra cara de la complacencia: al mostrarte en contra de los demás o del mundo de forma agresiva te aseguras de no ser tú el que sea rechazado en primer lugar.

Yo misma he intentado todas estas estrategias en distintos momentos de mi vida... Hasta que me di cuenta de que simplemente no me iban a proporcionar esa vida libre de dolor que anhelaba tener. Cuando ese velo se descorrió de mis ojos y pude ver que todos mis intentos por encontrar el Amor en las relaciones, en los amigos, en el trabajo, en la vida o en Dios eran absolutamente fútiles, comprendí que sencillamente me estaba limitando a evitar sentir el dolor que había en mi interior. Y lo que me dolía realmente era estar atrapada en un mundo que giraba a mi alrededor sin que yo, vacía por dentro como estaba, fuese capaz de ofrecerle nada.

Una de las lecciones espirituales más importantes que he recibido llegó en forma de respuesta a la pregunta: «¿Qué saco yo si me arriesgo a abrirme a amar la vida *tal y como es*?»; y la respuesta fue: «No te dan puntos por estar en el cielo». Después interpreté que estas palabras querían decir que no hay ninguna garantía de que vayas a obtener algún tipo de recompensa que te haga sentir mejor, porque el Amor no se centra en uno mismo. Yo había estado reteniendo mi amor por el mundo porque quería estar segura de que si corría el riesgo de abrir mi corazón sería recompensada con la felicidad eterna. Aún seguía funcionando desde una perspectiva personal, buscando mi propia seguridad. Al reflexionar sobre la respuesta que obtuve a mi pregunta me di cuenta de que el Amor requiere el sacrificio del «pequeño yo»; requiere que soltemos nuestro egoísmo en el vacío sin esperar ningún resultado.

En la realidad horizontal tenemos miedo de no conseguir lo que creemos que necesitamos para sentirnos completos, así que nos retraemos y renunciamos a ofrecer nuestros dones libremente al mundo. Por el contrario, cuando despertamos a la bondad de nuestra naturaleza esencial, Dios pasa a ocupar el centro. Al abrirnos totalmente a cada momento a medida que este tiene lugar somos uno con el flujo de la Existencia. Y en esta realidad vertical, tanto dar como recibir pierden su sentido, porque el Amor es aquello que no se puede comprender; en la inmensidad del Ser, el Amor es el flujo infinito que mana de un corazón libre de obstáculos.

Del dolor a la fascinación

El corazón es un vehículo para el río de la vida. Un corazón abierto responde a las circunstancias con lo que siente momento a momento. Al cerrarnos en patrones defensivos lo único que conseguimos es constreñir el flujo natural, con lo que el corazón pierde su capacidad para sentir. Lo que aparece en su lugar es una acumulación tal de energía bloqueada que acaba dando lugar a algún tipo de emoción explosiva. Esta emoción puede ser una rabia autojustificada en la que estamos absolutamente convencidos de que la culpa es del otro, o una abrumadora tristeza en la que simplemente no podemos soportar seguir adelante. O tal vez se presente en forma de un miedo paralizante en el que estás aterrorizado por lo que pueda suceder en el futuro. En todos los casos, siempre se trata de una reacción basada en el pasado. Al contrario que las emociones, los sentimientos no tienen ninguna historia asociada a ellos; no son más que una simple respuesta a *este* momento. Los sentimientos siempre expresan la verdad de *lo que es*, mientras que las emociones son mentiras creadas a partir de *lo que fue*.

Cuando negamos nuestros sentimientos una y otra vez acabamos por olvidar la plenitud propia de nuestra naturaleza esencial. La herida más profunda que llevamos en el corazón es el dolor provocado por este olvido. Pero cuando el dolor se vuelve insoportable, la única salida que nos queda es sumergirnos en nuestro propio interior. Al llevar la respiración hasta los afilados bordes de nuestra resistencia revelamos la verdad que albergamos en nuestro roto corazón. Y al liberar todas esas lágrimas que no has derramado y que has ido reteniendo durante toda una vida, para poder así encontrar de nuevo nuestro auténtico yo —ese yo que quedó extraviado entre todos los «deberías» y los «no deberías»— ese río de amargura va poco a poco curando tus heridas. No son solo los grandes traumas los que han de ser liberados de esta forma, sino también los pequeños daños y las heridas del día a día: los sueños rotos, la pérdida de fe, los fracasos, los errores y las desilusiones. No está de más recordar que hasta el más mínimo daño que hayamos sufrido, cuando es ignorado, puede crear una fractura que, al cicatrizar, haga que la coraza que nos encierra sea aún más sólida. Los grandes traumas —como puedan ser los abusos físicos y emocionales, la falta de cariño en la infancia o la pérdida de un ser querido— son heridas que necesitan ser acogidas con amor en la parte más delicada y tierna del corazón con una extrema sensibilidad y con amorosa paciencia. En ocasiones es necesaria la ayuda de un especialista experimentado, como por ejemplo un terapeuta o un sanador, pero donde verdaderamente podemos girar nuestra atención para dar la bienvenida al milagro de la sanación es en las situaciones normales del día a día.

En cada interacción que tenemos con otro ser humano —ya sea con el cartero o con nuestra pareja de toda la vida—, en cada transacción que hacemos con el mundo —ya sea com-

prando las verduras o negociando los términos de un importante contrato comercial— y en cada proyecto que emprende-
mos —ya sea hornear un pastel o escalar la más alta montaña— siempre está presente la posibilidad de sufrir cuando las
cosas no salen como a nosotros nos gustaría que saliesen, pero
todas ellas nos ofrecen también la oportunidad de elegir el
poder sanador del Amor.

Los sentimientos siempre expresan la verdad de *lo que es*,
mientras que las emociones son mentiras creadas a partir
de *lo que fue*.

Independientemente de que busquemos o no la ayuda de
un experto, en última instancia lo que importa es nuestra
propia voluntad de relajarnos en aquello que nos hace daño,
de no mostrarnos tan duros e inflexibles ante ello. Cuando
acogemos dulcemente el dolor en el receptáculo de nuestra
propia conciencia le damos al amor y a la ternura una oportunidad de penetrar en aquellos lugares en los que han sido
olvidados. La entrega consciente a esta apertura vigilante
pone en marcha un profundo proceso de limpieza que te va
haciendo atravesar por toda rabia, toda tristeza, toda traición,
toda vergüenza, toda soledad —y por todo el rango de las
variadas emociones que puede haber entre ellas—. Es una
práctica constante y permanente que va desenredando capa
tras capa de dolor y que te lleva de la crudeza de la emoción a
la delicadeza del sentimiento. No es algo que *hagamos* activamente, sino más bien algo que ocurre por sí mismo cuando
tenemos una verdadera voluntad de tomar cada momento *tal*

y como es. La indagación honesta en *este* momento es lo que hace que tus pasos emprendan el camino que va de la fragmentación a la unidad.

Aunque en ocasiones nos puede parecer que la senda del despertar es muy difícil y complicada, la exquisita textura de una vida verdaderamente espiritual es el resultado de haber tenido el coraje y la valentía de permanecer abierto en medio de la agonía más desgarradora. Cuando eres capaz de abrir tu corazón hasta en el infierno, entonces tuyo es el Reino de los Cielos. Esta ha sido mi propia experiencia, pero además es algo que también he visto una y otra vez en otras personas cuyas vidas se han visto transformadas al darse permiso a sí mismas para sentir honesta y completamente cada momento a medida que se presenta.

A veces tomamos por pena o por tristeza lo que no es más que puro victimismo, pero aferrarnos a la historia del «pobrecito de mí» no es lo mismo que sondear las profundidades de nuestra propia angustia. La identificación excesiva con el dolor es una trampa común en la que caemos que da lugar a una mentira que se perpetúa a sí misma. La auténtica aflicción, la verdadera tristeza, significa ir más allá de tus relatos y tus historias personales, sin importar lo justificadas que estas puedan parecer. Significa bucear en la totalidad de tu dolor y abrir los brazos de par en par para acoger en ellos tanto lo bueno como lo malo. Y cuando sigues manteniendo esta actitud, abriéndote a lo que sea que aparezca sin detenerte en ello lo suficiente como para crear una historia a su alrededor, llega un momento en el que finalmente llegas a ese lugar en el que no hay ninguna historia. Al amar sin límites a tu niño herido, este puede por fin liberar en ti todo el amor que tiene que ofrecerte.

La historia de Ananda, que fue un discípulo de Buda, es un recordatorio de esto. Ananda había estado cuarenta y dos años al lado de su maestro y, cuando Buda murió, él siguió llorando a sus pies. Los otros discípulos le reprendieron por su ignorancia: «¿No te das cuenta de que el Buda ha muerto plenamente realizado? En lugar de llorar deberías alegrarte». A lo que Ananda respondió: «No lo entendéis; no lloro por él, sino por mí. Después de todos estos años a su lado aún no he alcanzado el despertar, y ahora ya es demasiado tarde». Así que Ananda se quedó despierto toda la noche, meditando profundamente en su dolor. A la mañana siguiente, estaba iluminado.

Lo que nos dice esta historia es que cuando estamos dispuestos a acoger plenamente el dolor en nuestra conciencia hay una posibilidad de transformación. La profunda aceptación del dolor que llevamos en el corazón hace que este se convierta en fascinación y asombro. Esta fascinación significa que vivimos en la maravilla del *ahora*. Es una recuperación de nuestra divinidad en la que nuestro niño herido renace como el Hijo Dorado. La chispa divina que llevamos en lo más hondo de nosotros mora en la pureza de la presencia y en la despreocupada alegría del gozo y el regocijo. Cada momento es una aventura que hemos de afrontar con los ojos bien abiertos y sin tensión en el abdomen, incluso cuando las cosas se ponen difíciles.

Cuando tu vida deja de estar contaminada por el bagaje de su pasado, el misterio de la vida se despliega en ti y el propósito único de tu alma queda revelado. Desde esta perspectiva más ancha puedes ver cómo todas y cada una de las partes de tu vida —por muy dolorosas que puedan ser— son *exactamente* lo que necesitas para tu propia evolución. Y esta revelación tan importante lleva consigo una gran relajación. Hay una confianza incuestionable en el plan divino de tu vida; la confianza en que nunca eres —ni nunca has sido— abandonado. En todo momento, la esencia misma de la vida está contigo y *siendo* tú mismo. En todo momento la vida te está impulsando a que des ese salto final que te lleve a la libertad.

El salto al no-yo

El salto al no-yo es la última frontera; una vez que ya has atravesado el umbral de tu corazón, te encuentras con la que posiblemente sea la decisión más difícil que tengas que tomar. Lo que se te pide cuando llegas al borde mismo de tu propio ser es que te desprendas de aquello que te define y que hace que *tú* seas tú: tu sentido de identidad, tu sensación de ser un ser individual.

La sensación de tener un yo es el último obstáculo que te separa de la verdadera liberación. Una vez que ya has recuperado tu ser auténtico —tu auténtico yo— resulta muy tentador quedarse estancado en una especie de «zona de confort», pero el proceso de crecimiento y de evolución no termina una vez que la plenitud ha sido restaurada. Cuando empieza a aparecer esa sensación de autosuficiencia o de engreimiento espiritual, es inevitable darse cuenta también de que el camino recorrido está incompleto.

El sentido de individualidad es este sentimiento, esta sensación generalizada y permanente de que *yo* soy una entidad separada. Es la sensación de *mi* cuerpo, de *mis* pensamientos, de *mis* emociones. Es como si *mi* vida fuese una burbuja en la que *yo* estoy en el centro, mientras que todo lo demás existe fuera de dicha burbuja. Si lo que pasa fuera de mí tiene un impacto positivo en *mi* vida, entonces me siento *bien*, pero si tiene un impacto negativo, me siento *mal*. Se trata de una perspectiva horizontal en la que trato de sacar el máximo provecho de la vida, tanto en lo material como en lo espiritual. Incluso la búsqueda de la iluminación está basada en el sentido de uno mismo como entidad separada. Desde la posición estratégica del *yo*, todo se ve en términos de ganancia o de pérdida: pierdes riqueza, ganas poder, pierdes la confianza, ganas felicidad, y así sucesivamente. Finalmente, pierdes tu vida. O, al menos, eso es lo que parece.

La sensación de tener un yo es el último obstáculo que te separa de la verdadera liberación.

Observa profundamente en tu interior y te darás cuenta de que todos los pensamientos surgen de la nada y regresan a la nada. De modo que, ¿cómo podrías poseerlos? Cada sentimiento y cada emoción surgen igualmente de la nada y a ella retornan. Cada aliento, cada inspiración y cada espiración viene y va, aparece y desaparece. Incluso tu cuerpo ha nacido a partir del milagro de la vida y en el momento de la muerte regresa a ese gran misterio que está más allá de la propia vida. Los pensamientos, los sentimientos, los brazos, las piernas, la sangre, la respiración... Todo surge *en* ti, pero nada de ello es tuyo. Creer que es *tuyo* es lo que te mantiene preso bajo el hechizo de la separación.

Si lo analizas con detenimiento te darás cuenta de que hay una parte de ti que observa los acontecimientos, los pensamientos y los sentimientos. Es el *testigo*. Pero incluso el «yo» testigo no te pertenece. En cuanto te identificas con el testigo creas una sutil separación entre tú mismo y aquello de lo que estás siendo testigo. En última instancia, lo único que existe realmente es el propio *atestiguar*, el propio *presenciar*, y esta es la consciencia prístina en el seno de la cual todo aparece. No puedes reclamarla como tuya, pues no te pertenece. Aquello en cuyo seno tú mismo apareces existe de todos modos, independientemente de que *tú* existas o no. Es la base y el fundamento del Ser a partir del cual nacemos y en el que morimos. Todas las cosas que aparecen en la existencia no son más que pequeñas ondulaciones en la superficie del océano de la conciencia. Todas las formas —incluyéndote *a ti* y a tu vida— son manifestaciones impermanentes que surgen a partir de lo eterno, de lo que carece de forma. ¡No puedes tener una vida, no puedes poseer una vida, porque tú mismo *eres* vida!

El salto al no-yo es una inmersión en la verticalidad del Ser en el que todo sentido de propiedad o de pertenencia se evapora. La profunda comprensión de que no eres tú el que está a cargo o el que controla tu vida, sino que más bien es la vida la que simplemente se expresa a sí misma a través de ti, hace posible que te relajes profundamente en lo que sea que esté sucediendo en el ahora. La verdad es que esto es lo único que existe, esto es *todo lo que hay*, y tú no estás separado de ello. Llegar a este lugar, alcanzar esta perspectiva, es algo que nos hace ser profundamente humildes y, al mismo tiempo, nos confiere un inmenso poder, porque, en última instancia, *Dios es lo único que existe* y tú no eres distinto ni estás separado de él.

Abandonarse en el no-yo es una entrega consciente de tu vida a la totalidad que está más allá de toda comprensión y de toda imaginación. Es elegir en todo momento la grandeza del Amor en lugar de las estrechas preocupaciones del ego. Cuando te muestras receptivo a esa llamada superior que emana del silencio y la quietud internas tu voluntad vuelve a conectar con la voluntad divina y a estar en armonía con ella; tu vida se convierte en una expresión de la divinidad de tu verdadera naturaleza.

LA FLOR DE LA COMPASIÓN

Cuando tienes el valor necesario para perderte a ti mismo, ganas el mundo entero. En lugar de seguir siendo ese pequeño yo que se pierde en la enormidad del mundo, ahora la inmensidad del mundo pasa a estar contenida dentro de ti.

Cuando ya no necesitas protegerte de la vida ni seguir intentando conseguir algo de ella, dejas de ser egoísta y, al carecer de ego, te vuelves desinteresado. Por supuesto, no es que te conviertas en un mártir ni que te sacrifiques a ti mismo por el bien de los demás; sigues teniendo un cuerpo que necesita ser atendido, sigues teniendo sentimientos, un hogar, una familia y una economía de los que tienes que ocuparte, pero ahora ya no posees estas cosas, ya no sientes que sean tuyas, dejas de estar identificado con ellas.

No tener ego y actuar desinteresadamente significa que todas estas cosas te han sido otorgadas por la Existencia para que puedas cuidarlas y ocuparte de ellas. Tu vida misma se convierte en un acto de servicio y es un regalo para el mundo, simplemente porque está fluyendo a través de ti. Dejas de intentar que los demás te quieran, e incluso de ser más cariñoso con ellos, simplemente porque ahora tú *eres* el Amor mismo. En ausencia del ego todo acto, sin importar lo minúsculo o lo grandioso que pueda ser, es una expresión del amor que emana de las profundidades del pozo de tu corazón. Incluso cuando las cosas parecen ir mal, incluso cuando parece que has cometido un error o que, de algún modo, has fracasado, si tus actos han surgido de una actitud de desprendimiento, entonces no son más que amor en acción.

El Amor es simplemente la resplandeciente inmensidad del Ser. Vivir en el resplandor del Amor significa que tienes compasión por tu propio sufrimiento, así como por el sufrimiento del mundo. Significa que tu corazón está abierto a la violencia, a la injusticia, a la codicia y la ignorancia —del mundo entero, de tu vecino de enfrente o de ti mismo—. No significa necesariamente que tengas que arreglar nada, ni tan siquiera que tengas que ser amable; lo que significa es que puedes *permanecer* con el sufrimiento sin reaccionar ante él con ira o dejarte colapsar en la desesperación. En investigaciones realizadas sobre los procesos traumáticos han aparecido evidencias de que simplemente escuchar la historia de sufrimiento de otra persona produce un efecto más curativo que el hecho de ofrecerle soluciones a sus problemas.

Tener compasión significa reconocer que todo daño que se le haga a cualquier otro ser vivo —ya sea a un ser humano, a un animal, a una planta o al planeta— es un daño que te hacen a ti mismo, porque todos estamos interconectados. También significa sentir compasión por aquellos que causan daño a otros, pues la violencia no es más que la forma que adopta el sufrimiento que surge a partir de un profundo sentimiento de estar alienado con respecto a la vida. Los que causan dolor a los demás también son parte de nosotros. En la dimensión vertical del Ser no hay separación: todos somos manifestaciones del Uno, y lo que ocurre es simplemente que algunos nos hemos olvidado de ello. Es precisamente a partir de esta profunda comprensión de que *todos somos uno* que la *acción correcta* en cada circunstancia puede surgir de forma natural. La compasión no es algo que *haces* porque creas que es algo bueno y piadoso, sino algo que florece en ti cuando te desprendes de todo aquello que no eres.

Un mundo compasivo es aquel en el que todo lo que hacemos, decimos, pensamos o tocamos está imbuido plenamente de la fragancia de nuestra más profunda verdad. El mundo en el que vivimos podrá evolucionar más allá de la inmadurez propia del egocentrismo únicamente cuando asumamos totalmente la responsabilidad de nuestro viaje hacia la madurez espiritual. Cuando reclamemos y recuperemos la divinidad que nos es inherente, el mundo volverá a renacer como un lugar prodigioso rebosante de alegría y de maravilla, pero depende de cada uno nosotros plantearnos la pregunta de si estamos dispuestos a arriesgarnos a perderlo todo para poder así ganar el mundo.

¿Estás realmente preparado para dar el salto hacia la liberación del Ser? ¿Estás dispuesto a no tener nada en lo que apoyarte, a abandonarte y dejarte ir en tu propia naturaleza, en el inmenso cielo que eres?

El Amor es simplemente la
resplandeciente inmensidad del Ser.

UNA INVITACIÓN A DESCANSAR EN EL SANTUARIO DE TU INFINITO CORAZÓN

Quizá te apetezca probar esta hermosa meditación que puedes llevar a cabo en cualquier momento y en cualquier lugar. Con la práctica, puedes llegar a llevarla a cabo incluso cuando estés hablando con alguien o cuando estés centrado en la realización de alguna labor específica. Es una manera fantástica, curativa a la vez que liberadora, de recordar quién eres.

Cierra los ojos y respira profunda y conscientemente varias veces. Ahora pon tu atención suavemente en aquella parte de tu cuerpo en la que pueda haber alguna tensión y respira a través de ese espacio. Con cada inspiración, deja que penetre en tu interior la amplitud espaciosa del amor incondicional. Con cada exhalación, suelta cualquier tensión o cualquier miedo que puedas tener. Continúa haciendo esto hasta que sientas que la suavidad y la relajación de la aceptación inunda todo tu cuerpo. Puede que te encuentres con algún sentimiento incómodo o con algún pensamiento negativo sobre ti mismo. En ese caso, limítate simplemente a verlos por lo que son: simples olas en el mar de la consciencia. No son quien realmente eres, pues vienen y van. ¿Eres capaz de, simplemente, dejar que estén ahí? ¿Puedes seguir respirando en este amor?

Date permiso a ti mismo para sumergirte bajo la superficie del océano, para llegar a esa zona tierna y delicada que hay en el centro de tu pecho. Permanece aquí durante unos instantes y dale a tu corazón un poco de espacio para que respire. Suaviza los bordes duros y afilados que lo rodean, rodea con aceptación tu resistencia. Simplemente permanece tierna y suavemente abierto a la duda, al miedo, a la rabia, al dolor; sin juzgarlos, sin darles la espalda. Aquí todo es bienvenido. Tu corazón es un refugio seguro para todas aquellas partes de tu ser que han sido despreciadas, que no han recibido tu amor, que han sido dañadas o heridas de algún modo. Conviértete en el hogar del niño herido... justo aquí, en tu corazón. Deja que todo dolor, toda culpa, toda vergüenza, sea acogida con amor... justo aquí, en tu corazón. Si quieres, puedes imaginarte acunando en tus brazos a tu niño herido con la mayor ternura, con el mayor cuidado... justo aquí, en tu corazón. Dale *todo* el amor que siempre anhelaste pero nunca recibiste. Envuelve a este niño en un manto de luz dorada.

Y ahora, profundiza un poco más. Deja que tus deseos y tus anhelos incumplidos te partan en dos el corazón con la flecha certera de los recuerdos que te llevan hasta tu mismo centro. Eres la chispa divina que reside ahí, en tu núcleo, en tu esencia. Deja que tu corazón se abra y te bañe con su amor, deja que te inunde con su luz dorada. Ábrete tanto, de tal manera, que acabes desapareciendo en la inmensidad de *este* momento. Precipítate en caída libre hacia la infinitud de tu verdadera naturaleza, tan ilimitada como el ancho cielo, sin principio, sin fin... ¡Tan solo la más absoluta simplicidad de esto, de *lo que es*!

Y en la vacuidad del cielo que eres, permite que *todo* sea acogido, abrazado, aceptado... la Existencia entera; tanto lo que tiene forma como lo que carece de ella. Deja que todo surja en la insustancialidad del Ser, todos los pensamientos, todas las emociones, todas las sensaciones físicas, todas las ideas que tienes sobre quién eres, todo lo que crees sobre cómo es el mundo. Deja que tu ser contenga el universo entero. Inspira y permite que todo repose en la compasión de tu corazón, pues todo lo que existe puede ser acogido en su inmensa apertura. Espira y relájate profundamente, descansa en la compasión hacia ti mismo.

Suavemente, reposa en este lugar durante tanto tiempo como quieras, dejándote inundar por el resplandor de tu propia y verdadera naturaleza. Y cuando estés listo, vuelve a poner la atención nuevamente en cómo sube y baja la respiración en el centro de tu pecho y en los contornos de tu organismo. Ahora, abre los ojos.

«Que tanto tú como todos los seres alcancéis la paz y estéis libres de sufrimiento».

CAPÍTULO 6
Contemplar al Amado

ENLAS RELACIONES ÍNTIMAS es donde encontramos las más claras posibilidades de llegar a la liberación. Actúan como un vehículo tan potente para el despertar que sus lecciones suelen llegarnos de forma rápida y contundente. Cuando captamos el mensaje y nos abrimos completamente a recibir lo que este tipo de relaciones puede ofrecernos, nuestro ser se llena de alegría y entramos en el Reino de los Cielos, pero si nos contraemos en torno a las ideas que tenemos sobre cómo deberían ser y nos aferramos a ellas, entonces dejaremos pasar sus dones y caeremos en el infierno.

Todos nuestros sueños y todas nuestras pesadillas están presentes dentro de este tipo de relaciones; en ellas experimentamos los mayores placeres y las mayores agonías. La mayoría de las relaciones que he tenido me han llevado por igual tanto a las más vertiginosas cumbres del placer como a las profundidades más oscuras y sombrías de la desesperación. Siempre he sabido que en ellas estaba la clave para lograr algo especial, pero durante muchos años he estado buscando ese algo en el lugar equivocado. Las cosas únicamente comenzaron a cambiar cuando dejé de intentar conseguir el Amor a partir de la otra persona, y, en lugar de eso, tuve el coraje y la valentía de profundizar de verdad en mi propio corazón.

Las relaciones íntimas tienen el poder de hacer que despiertes a tu verdadera naturaleza. Mediante una comunión profunda con el otro, te conviertes en la divina perfección de tu ser esencial.

Cuando por fin comprendí que el amor romántico era un mito, me fueron revelados los verdaderos dones que la relación íntima puede ofrecer y me transformé de una manera que antes no podría siquiera haber imaginado. A día de hoy, esta dicha y esta bendición continúan vertiéndose sobre mi vida.

Las relaciones íntimas tienen el poder de hacer que despiertes a tu verdadera naturaleza. Mediante una comunión profunda con el otro, te conviertes en la divina perfección de tu ser esencial. Pero antes de que puedas caer en los brazos del Amado —del Ser— y darte así cuenta de que ni está separado de ti ni es distinto de lo que tú eres, hay algunos mitos en torno a las relaciones de pareja que han de ser examinados a la luz de la conciencia.

EL MITO DEL AMOR ROMÁNTICO

La seducción que nos causa el amor romántico tiene un enorme efecto sobre nosotros, su hechizo alcanza todos los rincones. Seguramente no hay muchas personas que no anhelen en el rincón más profundo de su corazón ser cautivadas y dejarse arrastrar por el influjo de un amante perfecto, o, al menos, que la felicidad conyugal mitigue todas sus preocupaciones e inquietudes.

Por desgracia, la ilusión del «y fueron felices para siempre» es probablemente una de las que más sufrimiento personal nos causan. Es también una de las más difíciles de deshacer, porque la propia intensidad del hecho de enamorarse nos ofrece la posibilidad de que verdaderamente el sueño se convierta en realidad. El encaprichamiento y el apasionamiento que nos consumen en las primeras etapas de una relación resultan tan abrumadores que, literalmente, nos perdemos a nosotros mismos. Esta entrega es tan profundamente satisfactoria que durante un cierto tiempo todo lo vemos de color de rosa y es como si flotásemos en una nube de felicidad. Pero, honestamente, ¿cuánto dura este sentimiento?

La embriaguez que nos causa el perfume de la pasión se va desvaneciendo inevitablemente y acabamos bajando de nuevo, y de golpe, a la tierra. Entonces se instala la desilusión, y el dolor, el hastío y la sensación de estancamiento reemplazan a esa chispa de magia que hizo que os juntaseis en un primer momento. Y, conforme va pasando el tiempo, vuelve a aparecer esa tierna angustia en tu corazón. Es como si el amor —o, al menos, el amor *romántico*— no fuese suficiente para mantener viva la relación.

Antiguamente, en generaciones anteriores a la nuestra, la institución del matrimonio proporcionaba el suficiente estatus, seguridad y confort como para ser capaz por sí misma de mantener firme y estable la relación durante toda la vida, incluso mucho después de que el sueño del amor romántico hubiese desaparecido por completo. Yo misma he sido testigo de esto en la generación de mis padres, en la que uno permanecía al lado del otro pasase lo que pasase. Y también lo he visto en culturas en las que los roles y los estereotipos del macho y la hembra aún siguen vigentes. Sin embargo, en el mundo de hoy en día, la mayoría le pedimos algo más a las relaciones de pareja. Ahora ya no es necesario que el hombre sea el sostén de la familia, ni que la mujer sea ama de casa. La educación, los estudios universitarios y el poder adquisitivo nos han liberado de las ataduras de las convenciones y ahora disponemos de la libertad necesaria para experimentar con nuevas formas de relacionarnos.

Por desgracia, la ilusión del «y fueron felices para siempre» es probablemente una de las que más sufrimiento personal nos causan.

Y, a pesar de ello, el mito de «la relación perfecta» sigue ejerciendo una enorme influencia en nosotros. Más aún; hoy en día no queremos únicamente que nuestra pareja nos adore, sino también que sea nuestro perfecto compañero de juegos, nuestro mejor amigo, nuestro terapeuta... Y, por supuesto, ¡también que sea sexi, rico y con éxito! Nuestras expectativas son tan altas que no es de extrañar que el sueño acabe derrumbándose. Pero, incluso aunque seamos conscientes de todo esto, cuando la relación no funciona nos afligimos y se nos parte el corazón.

A medida que la química se va desvaneciendo y que las personalidades van chocando cada vez más, todo conflicto que haya quedado sin resolver va ahondando un poco más en la herida y el corazón se va endureciendo para protegerse de mayores daños. Entonces podemos o bien emplear esta coraza para luchar una y otra vez contra nuestra pareja, o bien mantener la paz a costa de comprometer nuestros valores y nuestros verdaderos sentimientos. En cualquiera de los dos casos, las cosas no funcionan.

Una de las cosas más importantes que he aprendido sobre las relaciones íntimas es que el amor muere cada vez que nos defraudamos a nosotros mismos al ocultar la verdad y cada vez que nuestra pareja nos decepciona al no estar a la altura de la imagen de cómo debería ser o cómo tendría que comportarse. ¡Los sueños, las expectativas y las mentiras son verdaderos asesinos! Finalmente, llega un momento en el que sacrificamos nuestra propia autenticidad en aras de la seguridad y el confort. O bien esperamos hasta que aparezca en nuestra vida alguna otra persona que vuelva a encender la llama y nos lanzamos nuevamente a repetir otra variación sobre el mismo tema.

Es hora de que despertemos y comprendamos cuál es el verdadero propósito de las relaciones.

EL PODER DE LAS RELACIONES CONSCIENTES

Debido a que he pasado por tantas dificultades y por tanto dolor en mis relaciones, llegó un momento en el que por fin recuperé la cordura y comencé a hacerme a mí misma —y a la Existencia— algunas preguntas importantes, como por ejemplo: «Si el Amor no basta por sí mismo para mantener viva una relación, entonces, ¿qué más hace falta?», o «Si el "y fueron felices para siempre" no es más que una gigantesca ilusión, entonces, ¿cuál es el secreto que hace que el amor florezca?»: por no mencionar «Si las relaciones están tan llenas de dificultades, entonces, ¿por qué molestarse en absoluto en tenerlas?».

Las respuestas que encontré se pueden resumir en una sola frase: porque es precisamente en las relaciones íntimas donde se encuentra la mayor oportunidad de transformación. Lejos de ser una simple ilusión romántica, es en el Amor donde se encuentra la clave para el despertar, pero únicamente si tenemos la verdadera voluntad de que se produzca en nosotros un crecimiento personal. De lo que me di cuenta fue de que el Amor siempre saca a la luz cualquier cosa que no sea amor. Si pudiéramos comprender verdaderamente el poder de esta afirmación, seríamos capaces de transformar nuestras relaciones y nuestra vida para siempre.

El Amor pone de relieve cualquier cosa que se oculte en la oscuridad, por lo que hace que seamos conscientes de ello. Nos guste o no, el Amor hace que suba a la superficie cualquier parte de nosotros que se encuentre contraída a causa del miedo. Por eso resulta tan doloroso. El frente de batalla que albergamos en nuestra psique se ve reflejado en las disputas que tenemos con nuestra pareja.

Yo misma me pasé años luchando con mi —ahora ex— marido. Nos queríamos mucho, pero cuando las cosas iban mal, siempre pensábamos que la culpa era del otro. A ambos nos enfurecía que el otro estuviese echando a perder nuestro amor. De lo que ninguno de los dos nos dimos cuenta fue de que el Amor estaba intentando sanar nuestras heridas. Nos estaba emplazando a ir más allá de los antiguos patrones de conducta que nos mantenían esclavizados a nuestras historias personales. Lamentablemente, no captamos el mensaje.

El Amor es como una delicada flor y para poder crecer necesita estar en el medio adecuado, y el lugar más fértil en el que puede existir es precisamente en una relación entre dos personas que tienen una verdadera voluntad de encontrase con el otro. El Amor exige de ti que depongas las frágiles defensas de tu falso ego para que, de esta manera, tu ser pueda revelarse en su totalidad. Cuanto más capaz seas de aceptarte y acogerte a ti mismo con todos tus defectos, más capaz serás también de aceptar a los demás con todos los suyos. Esta aceptación abierta y expansiva de ti mismo, tal y como eres en *este* momento, implica que también puedes recibir la propia verdad de tu pareja tal y como sea en *este* momento. ¡Imagínate la liberación que supone que los dos podáis relajaros y simplemente ser vosotros mismos el uno con el otro!

El Amor es una fuerza que *verdaderamente* posee la capacidad de exponer nuestras heridas y nuestros traumas y sacarlos a la luz hasta que sanen. Y, al producirse esta regeneración, se convierten en dones, en sabiduría y en fuerza. Cuando la relación sale de la oscuridad ancestral en la que está sumida y se muestra a la luz de la evolución consciente se convierte en una potente fuerza de transformación tanto personal como universal. Cuando el Amor crece y florece entre dos personas su reverberación llega a cada célula de sus organismos e irradia al mundo y a todos los que les rodean.

Si somos capaces de tener relaciones conscientes, entonces seremos capaces también de hacer que el mundo mismo sea consciente.

Pulir el espejo

Las relaciones constituyen una fuerza tan potente para el despertar que en realidad son como un espejo que nos refleja todo lo que está oculto en nosotros.

El Amor siempre busca la simetría, de modo que cualquier cosa de la que reniegues en ti mismo se proyecta en tu pareja y después vuelve reflejada a ti. La ecuación es muy simple: aquello a lo que reaccionas intensamente en tu pareja es justamente aquello que has negado en ti mismo. Y puede tratarse tanto de algo que detestas con todas tus fuerzas como de algo que idolatras completamente.

Yo odiaba a uno de mis novios por ser muy despreocupado. Siempre se descontrolaba y se volvía loco en las fiestas y se saltaba los límites y las convenciones sociales. Era una causa frecuente de discusión entre nosotros. Si hubiese sido un poco más inteligente, me habría dado cuenta de que su irresponsabilidad no era más que un reflejo de lo estricta que yo era en lo que respecta a comportarse adecuadamente. ¡Era yo la que tenía que soltarse la melena! Por otro lado, me fascinaba la facilidad que tenía para cautivar a la gente con su ingenio y sus divertidas historias, algo que de algún modo me hacía sentir inadecuada dada mi timidez y mi pasividad. Con los años fui aprendiendo que yo también disponía de la capacidad de dejar que la calidez de las palabras brotase a través de mí.

La comprensión de esta dinámica de «proyecciones» es la clave que hace que las relaciones complicadas y problemáticas se transformen en relaciones iluminadas. Es tan fundamental que ignorarla es como dictar una sentencia de muerte para dicha relación. El hecho de que en tu relación esté presente una polarización entre el «yo tengo razón» y el «tú tienes la culpa» puede darte una pista de que te has olvidado de mirar en el espejo. Cuando eres capaz de ir más allá de la estrechez de la culpabilización y, en lugar de eso, permites que sea la apertura del Amor la que te guíe, la propia relación se convierte en tu maestro. La transformación tiene lugar cuando dejas de buscar la manera de arreglar lo que crees que está mal y empiezas a poner la atención en lo que puedes aprender. Lo que te ofrece la relación íntima al embarcarte en este viaje hacia la plenitud es poder ver tu yo oculto en el otro.

Cada vez que te ves a ti mismo reflejado en el otro lo que estás haciendo es pulir el espejo de tu propia consciencia. Pulir el espejo significa que las defensas que normalmente empañan la claridad del Cielo de la Mente se disuelven para revelar la deslumbrante belleza de quién eres realmente. Tras la fachada de la personalidad se encuentra el resplandor de tu verdadera naturaleza, y cada vez que pules el espejo, este brilla aún con más intensidad, hasta que, finalmente, ¡acabas viendo a Dios sonriendo justo delante de ti!

NAVEGANDO POR AGUAS PROFUNDAS

Cuando, hace diez años, Kavi y yo empezamos nuestra relación, teníamos claro que no queríamos enredarnos de nuevo en los mismos juegos de pareja de siempre —el habitual «tira y afloja», las «negociaciones» de costumbre—. Tanto él como yo habíamos acabado muy quemados en nuestras experiencias anteriores y esta vez queríamos hacerlo de forma consciente, pero como cada relación es única e irrepetible, sabíamos perfectamente que íbamos a navegar por aguas inexploradas. Teníamos la intuición de que la relación de pareja era un portal de entrada en lo divino, pero también sabíamos que, si queríamos encontrar la llave, íbamos a tener que sumergirnos muy profundamente.

Lo que te ofrece la relación íntima al embarcarte
en este viaje hacia la plenitud es poder ver
tu yo oculto en el otro.

Hoy en día, nuestra relación se ha convertido en una alegría indomable en la que no hay nada que «hacer», nada a lo que «atender», pero al principio le prestamos toda nuestra atención e identificamos dos principios fundamentales por los que nos tendríamos que guiar si queríamos que la relación realmente floreciese y cumpliese lo que prometía. El primero de ellos era la Verdad, lo cual significaba que teníamos que tener claro cuál era el propósito de nuestra relación. Las preguntas que nos hacíamos eran de este estilo: «¿Nos estamos limitando a ir dando tropiezos en nuestra relación, simplemente con la esperanza de que las cosas salgan bien, o, más bien, nuestra intención es profundizar en este amor, incluso a pesar de que no sepamos necesariamente cómo hacerlo?». El segundo principio era el del Amor, que implicaba tener un corazón abierto y permitir que se produjesen todas las posibilidades. Nos preguntamos: «¿Tenemos algo así como una lista de reglas y de expectativas respecto a cómo ha de ser la relación o estamos dispuestos a explorar cómo es y a dónde nos puede llevar?».

No tardamos en deducir que el Amor y la Verdad eran los principios universales que subyacían en toda relación pero que, con el tiempo, se iban viendo distorsionados. En nuestras exploraciones descubrimos cuatro pautas o guías que podrían actuar como balsas salvavidas a las que agarrarnos cuando hubiese tormenta en el mar por el que navegábamos y perdiésemos de vista el lugar al que queríamos arribar. Estas directrices forman los pilares de una relación consciente y son de aplicación para todo el mundo.

Honestidad

Decir la verdad es el alma de una relación. La cantidad de mentiras que decimos es directamente proporcional a la distancia que creamos entre nosotros y la otra persona. Podemos mentir sobre lo que *hacemos* o sobre lo que *pensamos*, pero las mentiras más importantes son aquellas que tienen que ver con cómo nos *sentimos*; muy a menudo, decimos una cosa con nuestras palabras y otra muy distinta con nuestro comportamiento o con la energía que desprendemos. Por ejemplo, puede que digamos cosas agradables para calmar o para aplacar a la otra persona cuando en realidad nuestro cuerpo está gritando claramente: «¡Te odio!». En el noventa y nueve por ciento de los casos respondemos de la manera habitual a las situaciones que desencadenan los mecanismos de protección que hemos aprendido en la infancia.

Para que la Verdad pueda revelarse tenemos que detenernos un momento y escuchar. Es necesario que creemos en nosotros un espacio propicio a la exploración abierta. Aquí, lo importante no es *qué* decimos sino cuál es el espíritu o la actitud de nuestra indagación. Incluso un simple «No siento nada» puede ser utilizado como un trampolín desde el que lanzarnos y profundizar más. La verdadera relación no puede surgir más que entre dos personas que sean verdaderamente ellas mismas. Todo lo demás no son más que mentiras.

Valor

A veces nos da miedo decir la verdad... ¡resulta mucho más sencillo prescindir de revelarnos tal y como somos para evitar así los problemas! También escuchar la verdad puede darnos miedo... ¡es mucho más fácil eludir el tener que escuchar de verdad a la otra persona para poder continuar manteniéndonos en la zona de confort!

Lo cierto es que hace falta valor tanto para decir como para escuchar la verdad. Y también es necesario incluso para admitir el hecho de que nos asusta, para indagar bajo la superficie del mero «Oh, todo está bien» y llegar al «Exploremos lo que está pasando de verdad». Tener el coraje y el valor necesario para mantenerse abierto es lo que identifica a los verdaderos «guerreros del corazón». Un «guerrero del corazón» es el que practica el arte de sumergirse en las profundidades de su ser, al igual que un experto en artes marciales practica el arte de moverse en armonía con el flujo de los acontecimientos. Llega un momento en el que el miedo deja de ser tu enemigo y se convierte en tu aliado.

Responsabilidad

Ser responsable significa hacerte cargo totalmente de tus propios sentimientos, al cien por cien. Lo único que consigues cuando le echas la culpa a tu pareja por cómo te sientes es quedar atrapado en una batalla de poder y perder el contacto con lo que te está sucediendo realmente. Hasta un escaso cinco por ciento de culpabilización significa que vas a terminar hecho un lío. No importa quién empezó qué, o quién tiene la razón y quién se equivoca; lo que importa es cuál es tu respuesta ante ello. Y esto significa decir la verdad respecto a cómo te sientes y hacerte cargo totalmente de dichos sentimientos, por muy incómodos que estos puedan ser. Lo cual no quiere decir tampoco que te tengas que echar la culpa a ti mismo; culparte o juzgarte a ti mismo significa que sigues siendo una víctima, del mismo modo que culpabilizar a la otra persona o juzgarla significa que te has convertido en un censor. Ambas son historias, argumentos que hacen que la

Verdad permanezca oculta y que crean distancia entre vosotros. Significan que estáis restringiendo el flujo del Amor ¡porque lo que hay ahí son dos egos en lugar de dos corazones! Cuando cada uno de vosotros asuma *totalmente* la responsabilidad de sus propios sentimientos se creará un espacio en el que podrá revelarse cómo se ve el panorama desde una perspectiva mucho más elevada, y en este espacio es donde el Amor puede medrar y florecer.

Vulnerabilidad

Puedes comportarte como un león en la sala de juntas o como un tigre en el dormitorio, pero los juegos de poder nunca te van a conducir hasta el Amor. La dulzura que acompaña al hecho de enamorarse se debe a que soltamos las defensas y quedamos totalmente vulnerables ante el otro. Ignorar las zonas dañadas o los traumas, ya sean estos grandes o pequeños, no da resultado. Siempre que asumas totalmente la responsabilidad por tus propios sentimientos y no te culpes a ti mismo ni a la otra persona, no hay nada que sea lo suficientemente pequeño como para no poder ser explorado. En lugar de creer que compartir lo que te asusta o lo que te daña es un signo de debilidad o de que hay algo que va terriblemente mal en tu relación, puedes verlo como una oportunidad que se te ofrece para crear una deliciosa intimidad entre tú y tu pareja.

En las etapas iniciales de mi relación con Kavi quedó manifiestamente claro que cada vez que cualquiera de los dos se alejaba de alguna de estas cuatro «balsas salvavidas» acabábamos sintiéndonos muy perdidos. No era únicamente que nos sintiéramos a millones de kilómetros el uno del otro, sino que también nos desligábamos de una parte esencial de nosotros mismos. Pero dado que las recompensas que nos ofrecía volver a retomar el camino correcto eran tan enormes —a pesar de que muchas veces nos resultaba difícil o doloroso—, no solíamos tardar mucho en volver a saltar de nuevo a él.

El mejor regalo que puedes hacerte, no solo a ti mismo sino también a tu pareja, es permitir que vuestra relación se convierta en un vehículo para el crecimiento emocional y espiritual. Para ello hace falta compromiso, no con el otro, ni tan siquiera con la relación, sino con la naturaleza transformativa de la entrega al propio proceso de la relación de pareja. Madurar juntos en la propia consciencia es un hermoso proceso, un viaje fascinante que puede llevaros más allá de la contracción de la limitación e introduciros en la aventura de la liberación.

LA ALQUIMIA DEL AMOR VERDADERO

El verdadero amor no tiene límites. Es como zambullirte en un océano vasto e infinito en el que no puedes ver la costa por ningún sitio. Cuando nos enamoramos y nos embarcamos en la aventura de una relación nunca podemos estar seguros de a dónde nos va a llevar, pero lo que sí es seguro es que aferrándonos a ella con demasiada fuerza lo único que conseguimos es exprimirla hasta que pierde todo su jugo, con lo que acabamos matándola.

El verdadero amor requiere un compromiso con este proceso de cambio interno y no con las formas externas. Al estar abierto a todos los resultados posibles tu relación se amoldará de forma natural, y esto significa estar dispuesto a desprenderse hasta de la relación misma. La transformación a través del Amor tan solo puede tener lugar cuando estamos dispuestos a soltarlo todo, a dejar ir a todo, y esto incluye también el temor que tenemos a sentirnos solos.

Me llevó mucho tiempo aprender que estar solo —la soledad en sí— no es lo mismo que sentirse solo. Esto último —el sentimiento de soledad— existe en una realidad horizontal. Cuando nos sentimos separados buscamos algo externo a nosotros —ya sea una actividad, un objeto o una persona— que nos haga sentir conectados y completos. Significa que entramos en la relación desde una posición de necesidad. Aunque ciertamente la necesidad es uno de los ingredientes de las relaciones y no debe ser negado, también es un patrón de dependencia que hunde sus raíces en la infancia. Si seguimos siendo inconscientes de ella lo único que hacemos es seguir reviviendo una y otra vez asuntos no resueltos que no dejan espacio para que pueda darse un mayor crecimiento en nosotros.

Sin embargo, la soledad en sí —el mero hecho de estar solo— es muy diferente, pues este tipo de soledad existe en una realidad vertical. Aquí, no hay separación alguna, porque *todos somos uno*. Cuando las circunstancias me han forzado a ser totalmente consciente de mi sentimiento de soledad he acabado por descubrir la belleza y la fuerza que hay en el hecho de estar sola. He comprendido que mi completitud no depende de nadie, pues *ya estoy completa*.

Para trascender la agonía que nos produce esa sensación de haber sido abandonados por la vida o por el amor tan solo hay un camino posible: relajarnos en la quietud y dejar que todas las historias que creamos pasen flotando a través nuestro. Permanece abierto y espacioso como el ancho cielo y descubrirás que nunca estás solo, pues Dios siempre está contigo. Pule el espejo de tu consciencia y verás que el Amado está justo aquí, en tu propio corazón. Entra en contacto con tu ser y comprenderás que nunca te falta nada, que siempre estás total y absolutamente completo: ¡exactamente tal y como eres ahora mismo!

El mejor regalo que puedes hacerte, no solo a ti mismo sino también a tu pareja, es permitir que vuestra relación se convierta en un vehículo para el crecimiento emocional y espiritual.

Al acoger de esta forma vuestra sensación de soledad, incluyéndola en vuestra relación, tú y tu pareja pasáis de una posición de codependencia a otra de interdependencia; ahora, en lugar de relacionaros como dos niños necesitados, os recibís y os acogéis el uno al otro en la plenitud de vuestra propia masculinidad o feminidad esencial. Es precisamente la danza y la interacción de estas energías masculina y femenina la que le confiere a la relación su dinamismo y su poder creativo. En la interdependencia no solo os encontráis el uno al otro como hombre y mujer, sino también como dios y diosa, y es en este encuentro en el que la alquimia del amor verdadero puede tener lugar.

Sanar la brecha que existe
entre lo masculino y lo femenino

Aunque el despertar en sí no tiene nada que ver con el género, hay una sutil diferencia en la forma en la que este se expresa en hombres y mujeres, especialmente en el contexto de una relación íntima. Además, algo increíble se produce cuando un hombre y una mujer encarnan en sí mismos toda la profundidad de su propia masculinidad y feminidad esenciales respectivamente. Es como si el receptáculo de la relación se convirtiese en una especie de «remedio homeopático» para la transformación de la inconsciencia, tanto en la relación misma como en el mundo.

Para un hombre esto significa manifestar en sí mismo el principio masculino de la Verdad. Cuando se experimenta en toda su plenitud, la Verdad se siente como conciencia o como la profundidad de la presencia. Es como una espada de luz que penetra en cada momento para iluminar la realidad cruda y desnuda de lo que es. Por supuesto, no siempre resulta así de clara, pues la conciencia puede verse empañada por capas y capas de condicionamientos; pero tanto si su hoja está afilada como si no, la espada de la conciencia siempre apunta hacia un único lugar —siempre está centrada en una única cosa—. A esto se debe que para los hombres sea tan fácil quedar absorbidos por lo que sea que estén haciendo, ya sea ver un partido, navegar por Internet, coleccionar sellos o invertir en bolsa. ¡Y por qué mayormente tan solo son capaces de concentrarse en una cosa a la vez! También es el motivo por el que tienden a tener una misión en la vida y a seguirla con un gran celo.

Lo que subyace en este afán enfocado en una única cosa es la sed natural del hombre por la libertad; al perderse en el sexo, las drogas y el rocanrol, al enfrascarse en tareas interminables en el trabajo, o incluso en la soledad de la meditación, lo que busca es librarse de la molesta incomodidad que le produce su falso yo. Pero lo libre que un hombre puede llegar a ser en realidad depende de lo consciente que sea; si no es consciente, permanece en una realidad horizontal y se pierde a sí mismo en actividades externas para acallar de este modo sus verdaderos sentimientos.

La transformación a través del amor tan solo puede tener lugar cuando estamos dispuestos a soltarlo todo, a dejar ir a todo, y esto incluye también el temor que tenemos a sentirnos solos.

El camino que lleva a un hombre a la libertad no pasa por alejarse de sí mismo sino en profundizar más aún en su interior. El proceso de desidentificación con el pequeño yo tan solo puede ponerse en marcha cuando está totalmente presente en su cuerpo, en su mente y en sus emociones en lo que sea que esté haciendo —ya sea cortar el césped o recitar mantras—. Al sumergirse profundamente en la verticalidad de cada momento en el mismo instante en que este se presenta descubre que bajo la naturaleza fugaz y transitoria de todas las sensaciones, pensamientos y sentimientos, se encuentra la vacuidad eterna de su Ser, la cual constituye su verdadera naturaleza.

En las relaciones íntimas, esto significa que un hombre puede transformar su parte inconsciente al entrar en contacto con su propia verdad. Cuando es auténtico en todo lo que dice o hace, puede estar realmente presente con su pareja, puede asumir la responsabilidad de sus sentimientos, ser honesto y tener la valentía necesaria para mostrarse vulnerable. Un hombre solamente puede relacionarse de verdad cuando deja de buscar la libertad fuera de sí mismo y, en lugar de eso, se sumerge en la verdad de *este* momento a medida que se va desplegando. Y solo entonces puede cumplir su verdadero propósito, que no es otro que brillar como el dios que realmente es.

El hecho de que en una relación el hombre viva su verdad —cumpliendo así su verdadero propósito— permite que la mujer cumpla también su verdadero propósito de entrega. Toda mujer encarna el principio femenino del Amor. Cuando se experimenta en toda su plenitud, el Amor se siente como una emanación de *luz*, como un recipiente que desborda un *resplandor* infinito e ilimitado, inundando con él todo aquello con lo que entra en contacto. A este amor se debe que las mujeres tengan una inclinación natural a difundir y diseminar su energía hacia el exterior; es por lo que ocuparse de muchas cosas a la vez —ser «multitarea»— les resulta sencillo y el motivo por el cual disfrutan tanto compartiendo su tiempo, su espacio y sus recursos —ya sea haciendo un pastel para toda la familia, rodeándose de niños, escuchando a los demás en momentos de crisis o simplemente chismorreando con las amigas—.

Lo que subyace tras esta actitud es el estado de devoción que es natural en la mujer; lo que anhela es entregarse totalmente, ya sea a su amante, a sus hijos, a su gurú o a una causa justa. Pero en qué medida este amor va a quedar empañado por las necesidades del pequeño ego depende de lo consciente que sea. Cuando no es consciente, se entrega para poder recibir amor a cambio. En esta dimensión horizontal su amor es condicional porque teme ser abandonada.

Pero es entregándose a la soledad como una mujer puede encontrar la plenitud y la satisfacción que busca. Al entregarse profundamente a la vida *tal como es*, su amor se vuelve desinteresado y carente de ego. En la dimensión vertical su amor es incondicional. A medida que se va abriendo cada vez más profundamente y permite que su verdadero resplandor se derrame, deja de necesitar alguien concreto a quien amar, pues ella misma *se convierte* en amor. Y entonces su belleza deja de ser superficial, porque ahora emana de lo más profundo de su ser como el eterno resplandor del Ser.

Cuando el hombre habita en su verdad al estar frente a la mujer y la mujer se abre a él como el amor que es, se pone en marcha un proceso mágico que es capaz de sanar la antigua brecha existente entre lo masculino y lo femenino.

El verdadero poder de la mujer es su capacidad para permanecer abierta como amor infinito e ilimitado, y cuando aporta este poder a la relación, puede transformar la inconsciencia que en ella pudiera haber. Al permanecer abierta y sin miedo al abandono, incluso en momentos de tristeza, de rabia o de dolor desgarrador, lo que hace es consagrarse a aquello que trasciende a su pequeño yo y que es mucho más grande que este. Y al entregarse voluntariamente a la soledad de su naturaleza esencial está actuando como la diosa que verdaderamente es.

Las diferencias de género tienden a disolverse cuando un hombre expresa plenamente su presencia y una mujer expresa totalmente su amor ilimitado, su infinitud y su espaciosidad, quedando tan solo un tenue y sutil rastro de dichas diferencias. En una relación íntima, la presencia del hombre despierta la capacidad de la mujer para estar arraigada en la Verdad, y el Amor ilimitado de la mujer despierta en el hombre la capacidad de permanecer abierto como Amor. En última instancia, tanto la presencia como el amor sin límites no son más que dos caras de la misma moneda.

Una de las cosas que me aporta mi relación con Kavi es que su devoción por la verdad de *este* momento me permite confiar en él absolutamente; hasta cuando la verdad supone que su ego se lleve golpes por todas partes, él lo hace con gracia, y esto significa que siempre puedo confiar en él para que ponga la luz de la conciencia despierta por encima de todo lo demás. Y eso implica también que puedo dejar de intentar cambiarle, de arreglarle o de aferrarme a él constantemente. En lugar de eso, puedo abandonarme a *este* momento y estar segura de que la inteligencia innata de la vida se ocupará de todos los detalles.

Cuando el hombre habita en su verdad al estar frente a la mujer y la mujer se abre a él como el amor que es, se pone en marcha un proceso mágico que es capaz de sanar la antigua brecha existente entre lo masculino y lo femenino. Es cuando dejáis de estar en guerra el uno con el otro cuando podéis, literalmente, hacer el amor. Y cuanto más amor hagáis más amor tendréis para compartir. En lugar de ser un campo de batalla, vuestra relación se convierte en un vehículo de sanación universal que te acoge tanto a ti como a tu pareja... *y* también a algo que es más grande que vosotros dos juntos. Muchas veces esto se manifiesta como un propósito común o como una visión compartida de lo que queréis hacer en vuestra vida juntos. Puede ser criar a una familia en un ambiente rebosante de amor, de cariño y de consciencia, poner en marcha un negocio que funcione en base a principios éticos u ofrecer vuestros servicios a los demás.

Al poner Amor y Verdad en *todos y cada uno* de los aspectos de vuestra relación, la habitual batalla que conlleva el amor entre seres humanos se transforma en la bendición del amor divino. Cuando el velo se levanta, te das cuenta de que Dios siempre ha estado ahí, ocultándose justo delante de tus propios ojos. ¡Ser capaz de ver y de contemplar al Amado en la persona que amas es sin lugar a dudas una de las experiencias más sanadoras y más liberadores que existen!

Una invitación para reunirte con el Amado

Hay una forma muy simple pero igualmente poderosa de relajar y distender los límites del yo separado y fundirse en la unidad del Amado. Si llevas a cabo esta práctica en el ámbito de una relación íntima con tu compañero o compañera, puede hacer que os sintáis mucho más cerca el uno del otro. También puedes realizarla tú solo mirando fijamente tus ojos en un espejo, con lo que te acercarás más a tu verdadero yo.

Si te apetece probar a realizar esta práctica, comienza por sentarte frente a tu compañero en una posición que te sea cómoda. Lo mejor es sentarse con las piernas cruzadas, pues esta postura permite estar lo suficientemente cerca el uno del otro como para que podáis miraros a los ojos con claridad. Respira unas cuantas veces profunda y conscientemente para relajar tu cuerpo y como ayuda para estar más plenamente presente. Ahora fija delicadamente la mirada en los ojos del otro, mientras sigues respirando consciente y suavemente —respiraciones lentas y largas, inspirando por la nariz y espirando por la boca; sin olvidar mantenerla pausada y suave, con cuidado de no hiperventilar—.

Continúa haciéndolo así durante unos minutos. Es muy probable que sientas la necesidad de decir algo, o incluso el impulso de apartar la mirada. Resiste la tentación de hablar, de moverte o de interrumpir el ejercicio; simplemente observa estas inquietudes o molestias a medida que vayan apareciendo. Si brotan lágrimas o risas, deja que fluyan, pero sigue respirando pausadamente y mirando al otro fijamente. Por supuesto, vas a experimentar todo tipo de sentimientos, pensamientos y emociones, algunos más placenteros y agradables que otros. Date permiso para sentirte vulnerable, para ser visto por el otro. Simplemente deja que todo juicio, todo temor, toda sensación, toda atracción o repulsión, toda sensación, flote en ti. Sé consciente de cómo todos estos pensamientos y sentimientos vienen y van, de lo impermanentes que son.

Continúa con este proceso durante al menos diez minutos, o, mejor aún, quince o veinte. A medida que sigues mirando fijamente a los ojos de tu compañero o compañera —o a tus propios ojos en el espejo— te darás cuenta de que el rostro de la otra persona va cambiando. Es muy probable que vaya pasando por diversas transformaciones, de feo a hermoso, de estar contraído a estar relajado, o incluso de lucir más jovial a parecer más envejecido. Puede que aprecies características en tu pareja de las que nunca antes te habías dado cuenta, energías fugaces y pasajeras que quizá te sorprendan. No te aferres a nada de esto; tan solo continúa manteniendo la vista fija en los ojos de la otra persona y sigue respirando suavemente.

Si permaneces abierto a lo que sea que experimentes, verás más allá de la máscara de la personalidad que oculta la verdadera naturaleza de tu pareja. Verás esa parte de él o de ella que es eterna; verás su verdadero Ser, su auténtica naturaleza. En lugar de ver con los ojos, estarás viendo con el corazón.

Y cuando dos corazones se encuentran de este modo, cuando estáis cara a cara con el Uno, os daréis cuenta de que toda separación no es más que una ilusión.

CAPÍTULO 7

Cumplir nuestro destino divino

P OR LO GENERAL, QUEDAMOS tan fácilmente deslumbrados por el mundo y sus muchas maravillas —y también por sus muchos horrores— que con frecuencia olvidamos cuál es nuestra misión aquí en la tierra.

El mundo puede resultar igualmente emocionante y aterrador, puede que nos sintamos fascinados o repelidos por él en la misma medida, puede que queramos explorarlo, conquistarlo y dominarlo u ocultarnos de él. Este mundo ha dado a luz a imperios, culturas y tradiciones tan variadas como los colores del arco iris, ha visto el florecimiento de la ciencia, del arte y de la educación, la explosión de la agricultura, de la industria y de la tecnología, e igualmente ha sido testigo del ascenso y la caída de todo tipo de estructuras sociales y de ideologías. Independientemente de la perspectiva que adoptemos respecto a él, por lo que parece no podemos evitar vernos arrastrados y cautivados por su misma magnitud y complejidad. No es de extrañar que ante una fuerza tan colosal perdamos fácilmente de vista nuestra propia estatura y pasemos a ser poco más que pálidos reflejos de lo que somos realmente.

Si comprendiésemos de verdad que el mundo externo no es más que un reflejo de nuestro mundo interno, nos daríamos cuenta de lo absolutamente poderosos que somos.

Se nos olvida que estamos aquí para hacer brillar la luz de nuestra propia magnificencia en todo lo que hacemos y decimos, que estamos aquí para conocer la verdad de nuestro infinito potencial, para recordar nuestra divinidad y para hacer manifiesto nuestro destino. De nada nos sirve encogernos ante el impresionante poder del mundo, ni mucho menos enfrentarnos a él como si fuese nuestro enemigo —esta actitud no nos ayuda ni a nosotros mismos ni al mundo—. Todos tenemos acceso a una gran cantidad de energía creativa, por lo que podemos tomar la decisión consciente de recurrir a ella, vivir nuestro verdadero propósito y ofrecer nuestros dones al mundo... o bien apostar a la baja y convencernos de que los recursos de los que disponemos —tanto interna como externamente— son escasos y limitados. Únicamente atreviéndonos a ser todo lo que podemos ser vamos a ser capaces de enriquecer nuestras vidas y las de los demás. Es tan solo cuando le mostramos al mundo nuestra verdadera valía que este nos recompensa con riquezas que sobrepasan incluso nuestros sueños más descabellados. Si comprendiésemos de verdad que el mundo externo no es más que un reflejo de nuestro mundo interno, nos daríamos cuenta de lo absolutamente poderosos que somos y recordaríamos que estamos aquí para volver a crear el mundo exactamente como deseemos que sea.

¿Existe realmente un «mundo inmenso y malvado» ahí fuera?

Hoy en día resulta prácticamente imposible no enterarse de las noticias. Diariamente nos informan de otro asesinato que nos desconsuela, de otro ataque racial que nos indigna, de otro escándalo político que hace que nuestra fe en los líderes mundiales se tambalee, o de otro desastre natural más que sacude los cimientos de nuestra comunidad global. Cada día 25 000 personas mueren de hambre, se destruyen más de 40 000 hectáreas de selva tropical y se extinguen 137 especies de plantas y animales. Mientras escribía estas palabras, cuando me enteré de que unos 200 millones de animales son sacrificados al día en condiciones infrahumanas con el fin de proporcionarnos la carne que consumimos tuve que sentarme y llorar de desconsuelo. ¡200 millones al día!

Ante este torrente de información, ¿cómo no vamos a pensar que existe un «mundo inmenso y malvado» ahí fuera? ¿Cómo no vamos a creer que el mundo se encuentra en un estado terriblemente caótico y desastroso y que no hay nada que nosotros podamos hacer al respecto? Lo que no alcanzamos a comprender es que el mundo se encuentra en este estado tan deplorable precisamente *porque* creemos que no podemos hacer nada al respecto.

Hemos perdido la autoridad interna que verdaderamente tenemos y se nos ha olvidado que, en realidad, somos los autores y los creadores de nuestra propia realidad. Al creer que somos impotentes, nos hemos vuelto impotentes. Al permitir que una autoridad externa a nosotros nos diga qué está bien y qué está mal hemos levantado un inmenso muro entre «nosotros» y «ellos». Las fuerzas colectivas de la política, la economía, los medios de comunicación y la cultura pueden llegar a parecer tan enormes y apabullantes que es posible que nos preguntemos qué otra opción tenemos más que conformarnos tranquilamente con lo que hay. O, quizá, puede que nos rebelemos ante ellas. Sin embargo, ninguna de estas dos opciones nos sirve para conseguir los resultados que realmente deseamos.

La única conspiración real es la que hay en tu cabeza, y la única revolución que vale la pena hacer es aquella que tiene lugar en tu corazón.

Puede que participar en campañas a favor de la justicia, luchar por una buena causa, derrocar a los opresores o erradicar a nuestros enemigos nos haga sentir y creer que estamos haciendo algo útil, pero lo único que hacen estas cosas es agravar una situación ya de por sí bastante agitada. Es como combatir el fuego con el fuego: lo único que se consigue es empeorar las cosas. Hoy en día hay una guerra contra las drogas, una guerra contra el crimen, una guerra contra el hambre y una guerra contra el calentamiento global. Y después tenemos también la guerra contra el terrorismo. Somos tan sumamente obstinados e inflexibles en nuestra creencia de que somos nosotros los que

186

estamos en lo cierto y tenemos razón y que ellos están equivocados, que estamos dispuestos a atacar, destruir y llevar a cabo todo tipo de atropellos y atrocidades para luchar contra aquellos que nos parece que son el problema. Y así es como el mundo se divide: naciones frente a naciones, villanos frente a víctimas, el bien frente al mal. Parece incuestionable que algo se nos está escapando. Ciertamente, lo que estoy sugiriendo no es que metamos la cabeza bajo tierra y nos limitemos a fingir que todo está bien; algunos individuos que han tenido el valor y el coraje de ponerse en pie y decir la verdad han conseguido alcanzar algunos hitos increíbles y memorables en favor de la libertad y de la igualdad. Pero como decía Gandhi: «Ojo por ojo, y el mundo entero acabará ciego».

Una vez me contaron una historia sobre cómo Dios creó el mundo y le pidió a todos sus ángeles que, a partir de ese momento, amaran su creación tanto como le amaban a él. Todos estuvieron de acuerdo en hacerlo así excepto uno, que decía que amaba a Dios con todo su corazón pero que le resultaba imposible amar al mundo de la misma manera porque nada podía haber tan glorioso y sublime como él. Así que Dios reiteró su petición de que todos los ángeles amasen al mundo tanto como le amaban a él y, una vez más, todos asintieron salvo el ángel que era incapaz de amar al mundo tanto como a Dios, por lo que este tuvo que expulsarle de mala gana del Reino de los Cielos. Se dice que fue así como Satán llegó a la existencia; el Diablo no es más que un ángel caído, un ángel que está ciego a lo sagrado que es el mundo. Al negarse a ver a Dios y a su Creación como uno y lo mismo, lo que hizo fue sucumbir a la ilusión de la separación y precipitarse de la perfección del Paraíso a la realidad horizontal del miedo y la limitación.

Al juzgar u odiar al mundo por ser imperfecto creamos exactamente eso mismo que juzgamos u odiamos. No *existe* ningún «mundo inmenso y malvado» ahí fuera, sino tan solo un reflejo de esa parte de nosotros en la que depositamos la oscuridad de nuestros pensamientos faltos de amor.

El significado de esta historia está claro: todas las partes, todos los aspectos, todas las apariencias del mundo, no son más que una expresión de Dios. El único mal que existe es esa parte de nosotros que no abraza al mundo en toda su plenitud. Al juzgar u odiar al mundo por ser imperfecto creamos exactamente eso mismo que juzgamos u odiamos. No existe ningún «mundo inmenso y malvado» ahí fuera, sino tan solo un reflejo de esa parte de nosotros en la que depositamos la oscuridad de nuestros pensamientos faltos de amor.

La única conspiración real es la que hay en tu cabeza, y la única revolución que vale la pena hacer es aquella que tiene lugar en tu corazón. No sanamos al mundo luchando contra él sino iluminándolo con el resplandor de nuestro amor.

LA ALEGRÍA DE CONVERTIRNOS EN COCREADORES

Todos nacemos con el instinto innato de llevar a cabo nuestro verdadero propósito en la vida y de manifestar nuestro pleno potencial. Es algo que forma parte del plan evolutivo que se está desplegando y desarrollando constantemente y lo que nos compromete con nuestro proceso creativo de crecimiento y expansión y lo que hace que la vida sea interesante.

Pero el poder que buscamos no se encuentra en el mundo externo. Todos nuestros intentos de arreglar el mundo, de controlarlo, de mejorarlo, de conseguir más éxito, más dinero, más estatus, más posesiones, más de esto o de aquello, están condenados al fracaso. Cuando el sentido de nuestra propia valía —de nuestro propio poder— depende de las circunstancias externas estamos a merced del cambio y de los vaivenes de la vida. Todo fluctúa, todo cambia, todo crece hasta alcanzar su máximo potencial y después vuelve al vacío del que surgió. Hasta las cosas aparentemente más poderosas de este mundo están sujetas a la ley fundamental del nacimiento y la muerte.

Del mismo modo que una montaña acaba erosionándose y convirtiéndose en polvo, así un millonario acaba muriendo sin nada.

El único poder que tenemos realmente es el poder de escoger el Amor o el miedo, y esta elección es la que nos confiere la capacidad de crear nuestra propia realidad. No hay más que echar un vistazo al estado en el que se encuentra el mundo actualmente para darse cuenta de lo poderoso que es este mecanismo. No es ninguna casualidad que la violencia, la guerra, los conflictos y la escasez sean los temas dominantes del mundo actual, pues la inmensa mayoría de la actividad mental humana está dominada por pensamientos basados en el miedo y en el temor.

Una vez escuché a un orador destacado que realmente dio en la diana cuando explicaba con una apasionada elocuencia cómo fue posible que un puñado de terroristas tuviesen al mundo entero aterrorizado; decía que era porque tenían una convicción absoluta en su odio: no odiaban *de vez en cuando* sino en *todo* momento. ¡Si tan solo fuésemos capaces de amar con la misma convicción, el mundo cambiaría de un día para otro!

El único poder que tenemos realmente es el poder de escoger el Amor o el miedo, y esta elección es la que nos confiere la capacidad de crear nuestra propia realidad.

Cada uno de nosotros somos como un imán, pues atraemos hacia nosotros aquello que coincide con nuestra propia frecuencia vibratoria. Cuando nos enfocamos en lo que *no* nos gusta o en lo que *no* queremos, vibramos en la frecuencia del miedo y del temor. Cuando ves las noticias en la televisión y reaccionas con sentimientos de ira, de rabia, de venganza o de culpabilización, lo único que estás haciendo es simplemente añadir más odio al mundo. Cuando lees los periódicos y estos hacen que te sientas abatido y deprimido, inseguro, indefenso e impotente, lo que estás haciendo es añadir sentimientos de desesperación al mundo. Ni podemos ni debemos cerrar los ojos ante el sufrimiento, pero lo único que conseguimos al poner la atención en la negatividad es aumentarla y seguir atrapados en una actitud de victimismo.

Solamente cuando elegimos la apertura y la inmensidad del Amor nuestro mundo deja de estar basado en la limitación y se convierte en un mundo de infinitas posibilidades. Transformamos nuestra realidad poniendo la atención en pensamientos de abundancia, gratitud, paz y felicidad. Es algo que sabemos en lo más profundo de nuestro corazón. Y por eso precisamente películas como *El día de la marmota* nos causan tanto impacto. La historia que relata consigue captar ese cambio de la realidad horizontal a la realidad vertical de una forma mordaz y contundente pero también maravillosamente accesible.

Bill Murray interpreta el papel de un hombre del tiempo egocéntrico condenado a vivir el mismo día una y otra vez. Al principio se comporta de forma cínica y egoísta, quejándose de todo y haciendo gala de su constante mal humor, pero a medida que va pasando el tiempo y ya sabe todo lo que le va a ocurrir en el día, se va deprimiendo. Incluso intenta suicidarse para acabar con esa insufrible monotonía. Hasta que, finalmente, sucumbe a su destino y decide intentar sacar el mayor provecho que pueda de él, así que centra sus esfuerzos en impresionar a una compañera de trabajo como forma de aumentar su propia autoestima, pero todos sus intentos de terminar con ella en la cama acaban saliéndole al revés, con lo que vuelve a quedarse triste y desolado.

Finalmente, cuando se da cuenta de que está atrapado en el *ahora* eterno, algo hace clic en su interior y decide que a partir de ese momento va a hacer única y exclusivamente las cosas que realmente le gustan. En lugar de limitarse a buscar su propia gratificación, comienza a centrarse en aprender cosas nuevas y en hacer buenas acciones no por lo que pueda ganar con ello sino por el puro placer de hacerlas. Cuanto más se abre a la vida *tal y como es*, más agradecido se siente por las pequeñas cosas que le ocurren en su repetitivo día. Cuando, finalmente, se convierte en una persona verdaderamente cariñosa y afectuosa, su vida se transforma: la hermosa mujer a la que ya había renunciado se enamora de él. Y no solo eso, sino que además se rompe el hechizo que le hacía revivir constantemente el mismo día. En la escena final, despierta literalmente a un nuevo día rebosante de luz y de nuevas y excitantes posibilidades.

La alegría no se puede fingir:
es un estado de ser.

Lo que esta maravillosa historia nos demuestra es que cuando nos esforzamos en ir contra el mundo porque queremos que las cosas sean de forma distinta a como son, terminamos entrando en un ciclo perpetuo de sufrimiento y desdicha, mientras que si nos limitamos a seguir inocentemente nuestra propia felicidad —sin importar el resultado que esto pueda tener en nuestros planes personales— hay algo que nos guía hacia nuestro destino divino. La felicidad —o la alegría— es una de las emociones de más alta vibración, y nos armoniza con la voluntad de Dios, convirtiéndonos así en co-creadores conscientes de nuestro mundo. La alegría no se puede fingir: es un estado de ser que nace de un reconocimiento genuino de lo que de verdad nos gusta, de lo que realmente queremos. La alegría y la gratitud siempre van de la mano. Y dondequiera que vayan, la gracia siempre llega tras ellas.

Cuando amas lo que haces y haces lo que amas, las puertas se abren ante ti y los milagros suceden.

AMAR EL TRABAJO QUE HACES
Y HACER EL TRABAJO QUE AMAS

Para muchísima gente el trabajo no es algo que disfruten sino más bien algo que han de soportar y padecer, algo que tienen que hacer para ganarse la vida o para conseguir el estilo de vida al que aspiran. A veces es algo que hacemos porque nos proporciona un cierto sentido de identidad o una cierta posición en el mundo, pero cuando tenemos que luchar y esforzarnos denodadamente por mantener un trabajo que apenas nos alcanza para pagar las facturas, o cuando nos labramos una carrera con el único objetivo de que nos ofrezca seguridad y estatus, el trabajo se convierte únicamente en un medio para alcanzar un fin, y de esta manera queda reducido a una mera experiencia horizontal. A la larga, no es una actividad que consiga nutrirnos a nivel anímico.

La felicidad —o la alegría— es una de las emociones de más alta vibración, y nos armoniza con la voluntad de Dios, convirtiéndonos así en cocreadores conscientes de nuestro mundo.

Las encuestas que se han realizado para analizar las actitudes laborales han demostrado que la mayoría de la gente cree que en sus puestos de trabajo tienen que hacer lo menos posible por la mayor remuneración económica posible, y, después, irse a casa cuanto antes. Te invito a que, llegados a este punto, te tomes un momento para cuestionarte honestamente si trabajarías en caso de no tener que hacerlo. ¿Cuánto tiempo dedicas a planear el fin de semana, ese momento en el que por fin vas a poder pasarlo bien con tus amigos y familiares, o a soñar despierto pensando en esas vacaciones especiales, o, tal vez, a fantasear sobre todas las cosas que podrás hacer cuando te retires? Teniendo en cuenta que el trabajo ocupa una gran parte del tiempo que pasamos despiertos en la vida, al final es una enorme cantidad de energía que desperdiciamos resistiéndonos a lo que está ocurriendo aquí y ahora. No es de extrañar que para la mayoría de la gente el trabajo sea equivalente a una lucha, una batalla, algo con lo que tenemos que lidiar. Muchas veces nos sentimos ansiosos, tensos, estresados y bajo presión a causa del trabajo —cuando no resentidos, frustrados o hastiados—. Y, después, tras un duro día de trabajo, esperamos irnos a casa y poder relajarnos y recuperar la paz y el amor perdidos.

Algunas personas creen que pueden llevar una vida espiritual —tal vez acudiendo a cursos de transformación, yendo a clases de yoga o meditando diariamente— mientras que, a la vez, siguen albergando una negatividad profundamente arraigada respecto a su trabajo. Pero ¿cómo vamos a ser verdaderamente espirituales cuando nos pasamos el ochenta y cinco por ciento del tiempo odiando nuestro trabajo? El problema de albergar la creencia de que el trabajo es algo que has de soportar con una sonrisa, mientras que el amor y la verdadera alegría son cosas que ocurren en el tiempo que te queda libre, es que te parte en dos, te divide. Pero si realmente quieres emprender el camino del despertar no puedes amar la vida a tiempo parcial. En lo que respecta a la liberación de la prisión del pensamiento egoico, es todo o nada.

En aquellos que trabajan para sí mismos —tal vez llevando un pequeño negocio o ganándose la vida mediante sus habilidades y capacidades creativas— suele plantearse la cuestión de cómo mantener la motivación, especialmente cuando el producto que ofrecen es innovador, visionario, puntero o tiene un nicho de mercado limitado. No cabe duda de que es necesaria una cierta dosis de disciplina, pero en este caso la motivación no es lo más importante, pues tener que estar motivado implica que tienes puesta la vista en el resultado final. Eso está muy bien para un proyecto que acaba de echar a rodar o a la hora de hacer planes para convertir tu sueño en realidad, pero llegará un momento en el que se te agotarán las baterías. Lo que es verdaderamente importante es *ser total*. Ser total significa que estás totalmente presente, *estés donde estés* y *hagas lo que hagas*. A la larga, la única motivación que funciona realmente es el amor por lo que haces.

Hoy en día, el trabajo es parte integral del camino espiritual, y el hecho de ser consciente de la relación que tienes con él puede aportarte grandes beneficios. Resulta muy frecuente que llevemos nuestra propia pequeñez también al ambiente laboral, ocultando nuestra verdadera luz tras creencias autolimitantes. Y luego nos preguntamos por qué tenemos la sensación de que nos falta algo. De alguna manera, nos resulta más sencillo echar la culpa de nuestra infelicidad al jefe, a nuestros padres, a la educación que hemos recibido, a la sociedad o al karma en lugar de asumir plena responsabilidad respecto al lugar en el que estamos. Ser consciente de la relación que tienes con tu trabajo significa ser implacable y despiadadamente honesto contigo mismo en cuanto a qué es lo que te mantiene en tu trabajo actual si tienes claro que no te gusta. ¿Es por dinero, por el reconocimiento, por la seguridad, por las expectativas que tiene tu familia? ¿Tal vez sea por desesperación? Una vez aclarada esta cuestión, también tendrás que aclarar qué es lo que quieres realmente: ¿dinero, reconocimiento, seguridad, aprobación? Y, si ese es el caso, ¿qué es lo que subyace bajo ese deseo? ¿Puede ser la necesidad de sentirte querido, amado y valorado, o lo que realmente anhelas es tener un propósito, un sentido de comunidad, prestar servicio a los demás y difundir tu amor? Y, más importante aún, ¿con qué disfrutas de verdad?

Al sacar a la luz las creencias inconscientes que albergas respecto a la relación que mantienes con tu trabajo, cambias tu realidad interior y hasta el trabajo más monótono y aburrido puede verse transformado. ¡Lo que importa no es *lo que* haces sino *cómo* lo haces! La satisfacción personal y la sensación de plenitud interna —así como los éxitos externos— provienen de la voluntad de abandonar una actitud victimista y de penetrar en la totalidad de este momento. Cuando te gusta y amas el trabajo que haces no solo te sientes nutrido y enriquecido por él, sino que además este llega a un nuevo nivel de excelencia del que antes carecía. Puede que no tengas la capacidad necesaria para cambiar tú solo la forma en la que una corporación despiadada y sin alma lleva a cabo sus negocios, pero lo que sí puedes hacer es brillar en lo que haces ofreciendo tu amor momento a momento. Si todos tuviésemos el coraje y la valentía de brillar con todo nuestro potencial, si nos atreviésemos a revelar en todo momento y circunstancia nuestra auténtica presencia, entonces el trabajo dejaría de ser un terreno dominado y gobernado por los impulsos de competición del ego en el que solo hay ganadores o perdedores y pasaría a ser un ámbito de cooperación en el que todos los involucrados se beneficiarían.

¿Estás dispuesto a asumir el riesgo y confiar en que la Existencia te sostendrá en su seno? Si puedes decir honestamente que no te apasiona el trabajo que haces, ¿estás dispuesto a, simplemente, *dejar* de hacerlo? Esto podría significar tener que hacer algún trabajo a tiempo parcial mientras te embarcas en un viaje interior para encontrar aquello que realmente te gustaría hacer. O quizá puede significar que estés desempleado por algún tiempo mientras desarrollas tus recursos internos para permitir que tu verdadera luz resplandezca e ilumine el mundo. Cuando encontrar el verdadero propósito de tu alma se convierte en tu máxima prioridad, todos los ángeles lo celebran y se congregan a tu alrededor para brindarte tanta ayuda como estés dispuesto a recibir.

La satisfacción personal y la sensación de plenitud interna —así como los éxitos externos— provienen de la voluntad de abandonar una actitud victimista y de penetrar en la totalidad de este momento.

Hace muchos años, cuando abandoné mi floreciente carrera académica para seguir una vocación más profunda, no tenía ni idea de qué es lo que iba a hacer a continuación. Fue como saltar al vacío y me hizo falta reunir todo el valor que fui capaz de encontrar en mi interior para confiar en esa voz interna que me decía que todo iba a estar bien. Me pasé varios años sin hacer nada, y aunque llegó un punto en el que prácticamente estaba en la indigencia, nunca dejé de sentirme apoyada y sustentada por una fuerza invisible. Y aunque este periodo de mi vida fue increíblemente difícil, siempre lo he honrado y lo he considerado como un valiosísimo tiempo de gestación que me permitió dejar de estar enfocada en mí misma y en mi carrera y empezar a tener una perspectiva centrada en servir al mundo.

El cambio que transforma tu realidad se produce cuando dejas de pedirle a la vida/a Dios/a un Poder Superior que haga cosas para ti y empiezas a preguntarte qué puedes hacer tú para contribuir a mejorar las cosas. En lugar de pedir más dinero, más poder, más seguridad o aprobación, pregúntate cuál es la mejor forma en la que puedes expresar tus talentos únicos, de manera que la vibración del mundo se vea incrementada por el amor que le aportas. Cuando nuestra percepción pasa de estar centrada en recibir a estar enfocada en el dar entramos en la dimensión vertical y las tareas y labores que tengamos que realizar se transforman en una expresión de la voluntad divina. No hay mayor gozo que este, pues cuando entramos en sintonía con esta dimensión más profunda del Ser estamos siendo honestos y auténticos con nosotros mismos.

Cuando comencé a seguir este camino, al principio siempre me sentía confusa respecto a qué podía hacer para servir al mundo. El punto de inflexión llegó cuando me di cuenta de que, en realidad, no había absolutamente ningún debate posible al respecto. A partir de ese momento la respuesta siempre se ha revelado a sí misma como la verdad incuestionable de un corazón libre de obstáculos; mi trabajo consiste simplemente en ser tan total como me sea posible en este y en todos los momentos, *independientemente* de lo que sea que esté haciendo.

OFRECE TUS DONES AL MUNDO

Lo que el mundo anhela por encima de todo es tu autenticidad. Cuando dejas a un lado todas esas historias sobre «no ser lo suficientemente bueno como para ofrecer lo que de verdad te gusta hacer» y, en su lugar, dejas que sea tu pasión la que te guíe, es cuando verdaderamente encuentras el lugar que te corresponde por derecho en el mundo.

Todos tenemos algo especial que ofrecer, algo que encaja tan perfectamente bien en el plan divino, que negárselo al mundo sería como intentar evitar que una hermosa flor creciese y madurase. A los ojos de Dios no hay ningún trabajo «mejor» o «peor», del mismo modo que no existe ningún «mejor» o «peor» en el mundo natural: las raíces de una flor de loto que viven en el oscuro fango del fondo de un lago son tan divinas como los gloriosos y delicados pétalos que extiende hacia la luz del sol. Tanto si eres ama de casa, como si eres barrendero, artista, visionario o gerente de una gran empresa, todo es sagrado cuando es expresión de tu honesta pasión. Lo que hacemos se convierte en algo menos que eso tan solo cuando nos desviamos de nuestra propia autenticidad.

Ser auténtico abre las puertas a una fuente infinita de energía creativa que tiene la capacidad de satisfacer nuestros deseos más profundos, así como el poder de nutrir y enriquecer al mundo. Es la inspiración —y no la codicia, la astucia ni el trabajo duro por sí mismos— la que puede hacer posible todo el éxito y toda la abundancia que necesitas. La inspiración es una forma más elevada de motivación que brota de la pura alegría de ser. La gente se queja de que tienen muchas buenas ideas pero carecen de la inspiración suficiente para ponerlas en práctica, o que quieren ser creativos pero no se sienten lo suficientemente inspirados como para dar el primer paso. Lo cierto es que no tiene sentido esperar a estar inspirados; eso no es sino una forma de aplazar las cosas que tan solo sirve para mantenernos encerrados y limitados en nuestra pequeñez. Limítate a estar absolutamente presente y a ser absolutamente tú mismo y te verás colmado de inspiración —tan seguro como que la siguiente respiración que realices te llenará los pulmones—.

Cuando operas desde una actitud basada en la alegría y el gozo en lugar de en el deber, no solo te sientes inspirado sino que también sirves de inspiración a aquellos que te rodean. Se produce una elevación de tu frecuencia vibratoria que atrae hacia ti justamente lo que necesitas. No importa si tu visión llega a conmover a miles de personas o tan solo a una; lo que importa es que te has elevado y has salido de tu propio egocentrismo y ahora estás en brazos de la unidad. No hay nada más contagioso que alguien que está al mismo tiempo entusiasmado por su visión de las cosas y profundamente relajado en sí mismo, en su propio ser. Añade a esto el entusiasmo y la emoción de compartir esta visión con los demás y lo que se crea al final es una ola de excitación que casi se puede tocar con los dedos.

La inteligencia divina desea tu bien supremo: únicamente tu ego se interpone en tu camino. El pequeño yo siempre va a poner un sin fin de excusas para no hacer algo, pues le resulta mucho más fácil y sencillo esconderse en las sombras de su propia pequeñez que alzarse y permanecer en el foco deslumbrante del mundo. El viaje que te llevará a ser capaz de ofrecer tus dones al mundo implica que has de salir de tu zona de seguridad imaginaria y expandir tus límites. Es un riesgo porque has de estar preparado para el fracaso, la pérdida, los desengaños, los obstáculos y la incertidumbre. Estos no tienen por qué presentarse necesariamente, pero estar abierto a la posibilidad de que lo hagan es lo que hace que crezcas a nivel espiritual. Al mantenerte relajada y suavemente abierto cuando sea que te acerques a las afiladas aristas del miedo, te despojas de la identificación del ego con el éxito o el fracaso, con ganar o perder, descubriendo de esta manera la joya eterna de tu verdadera naturaleza.

Hace mucho tiempo, vi cómo las enseñanzas de «transformación personal» que durante siete años había estado elaborando y madurando con todo mi cariño se disolvían y se convertían en cenizas. Para mí fue una gran lección de desapego y de no-aferramiento. Aunque lamentaba lo que había perdido, también era perfectamente consciente de que lo que yo era realmente no tenía nada que ver con mi rol como maestra espiritual. Conocerme a mí misma como la *eseidad* inmutable que constituye la base y el fundamento de todo lo que existe me ha permitido seguir avanzando en mi camino con gracia y soltura.

Para reconocer tu propia valía has de profundizar en tu interior. Solo entonces el mundo te reconocerá como aquello para lo que naciste. Cuando eres generoso a la hora de ofrecer tus dones al mundo, este te recompensa con todas las riquezas que necesitas en tu camino. La vida es eternamente abundante. Y tú también, solo que no eres consciente de ello.

Elevar la vibración del dinero

Una de las heridas abiertas más profundas de la humanidad tiene que ver con el dinero. ¡Persiste en nosotros la fuertemente arraigada creencia de que el dinero y la espiritualidad no pueden ir de la mano! La tradición nos ha enseñado que cuanto más espirituales somos menos riquezas materiales hemos de tener. No tenemos más que pensar en Santa Teresa o en el el Dalai Lama y enseguida nos viene a la mente la imagen de alguien que ha renunciado a todas sus posesiones terrenales. O pensemos en los monjes, las monjas, los santos y las santas e inmediatamente tendremos la impresión de que pureza y pobreza son sinónimos.

Sin duda, yo también me tragué esta mentira... ¡desde que con tan solo tres años tomé a la Virgen María como modelo a seguir! Por supuesto, por aquel entonces era totalmente inconsciente de esto. Como la mayoría de la gente, crecí queriendo tener cosas buenas y ser rica, pero, de algún modo, cuanto más cerca estaba de Dios, menos dinero tenía. Hay tanta culpa, tanta vergüenza, tanto miedo y tantos juicios de valor que no hacen más que corromper nuestra relación con el dinero... Yo misma estuve durante muchos años sintiéndome terriblemente incómoda ante el hecho de cobrar una tarifa simbólica por mis servicios de terapia. De alguna manera, sentimos que ayudar a la gente en su camino espiritual y ser recompensado económicamente por ello no son cosas que casen demasiado bien.

Después de muchos años de penurias, finalmente me di cuenta de que el dinero no es ni bueno ni malo por sí mismo: de hecho, es algo neutral; es simplemente una corriente de energía que responde a nuestro estado de consciencia. El verdadero valor del dinero no tiene que ver con lo grandes que sean las cifras sino con el sistema de valores interno que proyectamos en él. Si derivamos nuestro propio sentido de identidad de lo abultada que sea nuestra cuenta bancaria no estamos valorando aquello que somos realmente. Cuando buscamos el sentido de nuestra propia valía fuera de nosotros mismos somos mucho más propensos a sacrificar la tierna y delicada honestidad del amor en aras de la mucho más sólida evidencia del dinero contante y sonante y todo lo que con él podemos comprar.

El dinero es simplemente una corriente
de energía que responde a nuestro estado
de consciencia.

A esto es a lo que se refiere Jesús cuando afirma que «es más fácil que un camello pase por el ojo de una aguja que un rico entre en el Reino de los Cielos». Y no es que el dinero sea malo; más bien es la distorsionada relación que tenemos con él la que crea la corrupción. Es la creencia en la separación del ego la que crea un mundo dividido en, por una parte, la riqueza más excesiva y, por otra, la más abyecta pobreza; un mundo en el que se idolatran las riquezas materiales a costa de los valores espirituales, un mundo en el que el crimen sale rentable, pero no así el Amor. El dinero se contamina en manos de la inconsciencia y se convierte en vehículo de explotación.

Una de las cosas más importantes que podemos hacer para sanar al mundo es corregir la relación que tenemos con el dinero, pues cuando este se encuentra en manos de la consciencia tiene el poder y la capacidad de aliviar todos los males de la humanidad. Imagina un mundo en el que el único propósito que tuviese el dinero fuese el de estar al servicio del Amor, un mundo en el que inmensas cantidades de capital fuesen canalizadas a esas zonas que han sufrido tantas privaciones durante tanto tiempo, que en lugar de «beneficio económico a costa de lo que sea» el *leitmotiv* de los negocios fuese «para el beneficio de toda la humanidad». Imagina un mundo en el que los recursos se repartiesen de forma equitativa, en el que las empresas creativas fuesen apoyadas activamente y en el que todos tuviésemos acceso a lo que necesitásemos para cumplir y desarrollar nuestro pleno potencial.

La redistribución de la riqueza mundial no es más que amor en acción. Es un agente de cambio mucho más poderoso que limitarnos simplemente a albergar resentimientos por aquellos que tienen más que nosotros o a revolcarnos en nuestra propia pobreza automotivada. Podemos iniciar el proceso de cambio analizando en profundidad las creencias que tenemos en torno al dinero. Hemos de examinar honestamente nuestros miedos, nuestros traumas y nuestra obstinada adhesión a la consciencia de la escasez. Necesitamos limpiarnos y volvernos transparentes en todo lo que atañe a nuestras relaciones monetarias. Con demasiada frecuencia, nos mentimos a nosotros mismos y a los demás respecto a cómo utilizamos el dinero: gastamos más de lo necesario, hacemos compras compulsivas, adquirimos deudas de forma descontrolada, nos dejamos llevar por la avaricia, acumulamos grandes riquezas, la contabilidad se nos va de las manos, etc. Todas estas cosas no son únicamente síntomas de un uso inconsciente del dinero, sino también de cómo malgastamos nuestros propios recursos internos.

En cierta ocasión en la que mis finanzas estaban por los suelos, un hombre sabio me aconsejó que apostase todo lo que tenía al Amor y a la Verdad, que invirtiese en mi alegría y mi felicidad a largo plazo y no en mis necesidades inmediatas. Me dijo que cuanto más diese sin preocuparme de mi pequeño yo, más recibiría de la Abundancia Universal.

Es posible que, a medida que más y más gente despierte y la consciencia colectiva se vaya desplazando hacia el *ahora* eterno, esta inversión acabe por producir beneficios inmediatos. Cuando el dinero se da y se recibe incondicionalmente, pasa a estar energéticamente limpio. Y ahora, ¡imagínate que todos tomásemos parte en este «lavado espiritual de dinero»! ¿No crees que el mundo sería un lugar mejor? Puede que incluso el futuro de nuestra especie —y el de nuestro planeta— dependa de ello.

Si derivamos nuestro propio sentido de identidad de lo abultada que sea nuestra cuenta bancaria no estamos valorando aquello que somos realmente.

205

Una invitación a vivir en la abundancia

Te invito ahora a que respires profundamente y pongas la atención en tu interior. Descansa durante unos instantes en el centro del pecho. Respira suavemente y permítete entrar en un espacio de silencio y quietud. Tómate todo el tiempo que necesites hasta que sientas que estás listo para profundizar un poco más. Y ahora descansa en el vientre, digamos más o menos a un par de centímetros por encima del ombligo. Lleva suavemente la respiración a esta zona y relájate, dedicándole todo el tiempo que haga falta.

Y, una vez más —cuando estés preparado— imagina que con la siguiente inspiración absorbes en tu interior todo el calor del sol, que sus delicados rayos dorados penetran en tu cuerpo y en todo tu ser. Con cada inspiración, deja que este resplandor dorado vaya creciendo y te vaya envolviendo en exuberantes olas de cálida energía. Y con cada espiración envía esta energía de vuelta nuevamente al espacio que te rodea. Pasa todo el tiempo que quieras inspirando y espirando de este modo. Al inspirar, siente cómo te expandes y vibras como una dorada bola de luz. Y cada vez que espires, multiplica la energía y envíala de vuelta al mundo en forma de oleadas de felicidad y de alegría. Es como si ahora tú mismo fueses el sol en tu centro, palpitando con tu dorada fuerza vital y difundiendo tus rayos de suave pero intensa calidez en todas direcciones.

Ahora imagina que el mundo entero se está cargando de energía gracias a esta luz dorada que sigue fluyendo hacia tu vientre y, después, sale nuevamente de él. Imagina que todo lo que dices, todo lo que haces y todo lo que piensas está completamente impregnado de esta luz dorada y brillante. Imagina que alcanza a todas aquellas personas con las que te relacionas y que todo lo que tocas se ve transformado por ella; todas tus interacciones crean una sonrisa y todas las transacciones que realizas en el mundo se convierten en oro. Imagina que esta ola de transformación —que has puesto en movimiento simplemente con tu intención— viaja por todo el planeta y la gente se la va pasando de unos a otros... hasta que el mundo entero quede prendido con la chispa de tu divinidad interior.

Imagina que toda la gente y todas las cosas resplandecen plenas de majestuosa abundancia, que el mundo entero es una joya de belleza infinita y de incalculable valor. Y ahora, dime, ¿no merecería la pena vivir en un mundo así?

CAPÍTULO 8

Amar la Tierra

SI AHORA MISMO RETROCEDIESES unos cuantos miles de kilómetros desde el lugar en el que estás, te encontrarías a ti mismo mirando a una pequeña esfera azulada que late con un innegable aura de esplendor y resplandece con una asombrosa y conmovedora belleza. Es la Tierra. Esta imagen del planeta puede parecernos muy alejada de la inmediatez de los asuntos y las preocupaciones humanas, pero nuestra mismísima supervivencia depende de la capacidad que tengamos para sentir su latido bajo nuestros pies. Lejos de ser simplemente un inanimado pedazo de roca que se precipita por las profundidades del espacio, el planeta en el que vivimos está tan vivo como podamos estarlo tú o yo.

Cuando estamos en profunda comunión con la naturaleza penetramos en el santuario interior del corazón del planeta.

Esta biosfera luminiscente ha nacido de la unión de la materia y del espíritu, y la fecundidad de la naturaleza no es más

209

que una expresión del amor cósmico. Allá donde miremos encontramos la evidencia de la exquisitamente orquestada danza del *yin* y el *yang*: desde el más minúsculo brote que espera para estallar en plena floración hasta el encolerizado infierno de un volcán a punto de entrar en erupción; del cordero más saltarín nacido en la inocencia primaveral a la grandeza nudosa y enmarañada de un gigante roble centenario; vemos la pasión primordial de Dios desvelada ante nosotros en una miríada de formas distintas.

Escoge una cualquiera de estas formas de vida y descubrirás en ella un portal hacia el Amor Universal. Cuando estamos en profunda comunión con la naturaleza penetramos en el santuario interior del corazón del planeta. Contempla cómo el sol se va poniendo lentamente por el horizonte con su inquebrantable presencia y es muy posible que sientas en ti mismo la atemporalidad del éxtasis. Escucha el parloteo de los pájaros con un oído despojado de toda censura y seguramente percibirás el dulce sonido del silencio. O siéntate durante un tiempo lo suficientemente largo con la mente serena a la orilla de un arroyo oyendo su tierno crepitar y sin duda quedarás sumido en la más profunda quietud. Estar simplemente con la naturaleza con una actitud abierta te saca de tu ego limitado por la piel y te hace penetrar en la inmensidad de *Todo Lo Que Es*.

Al realizar la unidad no podemos evitar enamorarnos con todos y cada uno de los detalles de este jardín de las delicias terrestre. Es una historia de amor que muy bien pudiera ser nuestra única gracia, lo único capaz de salvarnos.

El mayor error que hemos cometido

Hemos cometido el terrible error de perder de vista a la Tierra, nuestro planeta, como un organismo que siente y respira. Extraemos sus recursos, talamos sus árboles, sacrificamos a sus animales, la llenamos de basura y desperdicios, y destrozamos su atmósfera. Hemos saqueado y contaminado por doquier sin ningún tipo de cuidado. Hasta ahora.

Tenemos que enfrentar la realidad: los efectos del calentamiento global son potencialmente catastróficos, el nivel del mar está aumentando, los casquetes polares se están derritiendo, vastas extensiones de tierra se están convirtiendo en desiertos, un número sin precedentes de plantas y animales están muriendo, el clima se está volviendo peligrosamente impredecible y la capa de ozono está desapareciendo rápidamente. ¡La verdad es tan impactante como desfavorable! La Tierra es nuestro hogar, y si no despertamos pronto a una visión más amplia y con mayor perspectiva, puede que acabemos perdiéndolo.

Se nos está emplazando a tomar conciencia de la relación que tenemos con el planeta que habitamos, y esto significa ser conscientes también de nuestro propio egocentrismo. Qué sencillo nos resulta apropiarnos de tanto como nos es posible sin detenernos ni un segundo a pensar qué es lo que podemos dar a cambio. ¿De verdad creemos que podemos seguir barriendo para casa mientras que los recursos del planeta van desapareciendo cada vez con mayor rapidez? ¿O que podemos permitir que tan solo el 10 % de la población mundial posea el 90 % de toda la riqueza del mundo? No se trata simplemente de interesarse por la ecología para «estar a la moda». No; es algo mucho más profundo que eso. Se trata de admitir que nos hemos entregado ciegamente al ego en lugar de tener en cuenta la totalidad de la vida como el Uno y todas sus manifestaciones. Somos culpables de buscar la gratificación instantánea, sin que nos importe el coste que esto pueda tener para las generaciones futuras. Hemos elegido considerar el planeta como una mercancía en lugar de como una manifestación de la divinidad. Es algo muy similar a la violación, y hay un precio que pagar por ello.

Pero no tiene ningún sentido revolcarse en la autorrecriminación, así como tampoco lo tiene quedarse de brazos cruzados esperando a que los ecologistas y los profesionales del medio ambiente lo limpien todo, o a que las grandes corporaciones tengan una epifanía y modifiquen las políticas comerciales, o a que el partido de Los Verdes obtenga una mayoría de votos... No es una cuestión social o política: es una cuestión espiritual. Depende de cada uno de nosotros abrir los ojos —y el corazón— al milagro de la Creación. ¿De verdad vamos a creer que estamos separados de la Existencia o, por el contrario, vamos a llevar nuestra imaginación un poquito más allá y darnos cuenta de que todas las criaturas vivientes están interconectadas? ¿Realmente somos insensibles ante la enormidad de la destrucción del medio ambiente que se está produciendo, o podemos ser lo suficientemente flexibles como para sentir la desgarradora angustia del dolor planetario que se cuela en nuestra vida diaria?

El reto al que nos enfrentamos es el de permanecer abiertos y despiertos ante la sombría realidad de la potencial destrucción planetaria. Y en esta cuestión la fuerza de las historias y los relatos que nos contamos a nosotros mismos es enorme. ¡Nos resulta mucho más sencillo odiar al sistema con toda nuestra rabia o quejarnos de los mecanismos de la modernización que simplemente estar presentes con la vida tal y como esta se presenta *ahora mismo*! ¡Es mucho más conveniente retraerse en la propia desesperanza que arriesgarse a sentir la agonía y el dolor del fracaso si, finalmente, todo sale mal!

Cuando tenía poco más de treinta años tomé la decisión de darle la espalda a la civilización; quería irme a vivir a las montañas, construir una casa ecológica y ser totalmente autosuficiente para poder sobrevivir así al apocalipsis que se iba a producir de manera inminente. Por supuesto que no lo hice y aquí sigo todavía; el tiempo y la madurez me dieron una perspectiva diferente y me di cuenta de que si mi principal motivación era la autopreservación, pasarme a la energía solar y cultivar mis propias verduras no iba a suponer ni la más mínima diferencia.

Para salvar el planeta nuestros actos tienen que surgir del Amor, no del miedo. Lo que importa no son tanto los cambios que podamos hacer en el plano físico sino los cambios que llevemos a cabo en nuestro propio interior. Cuando estemos dispuestos a hacer la transición de la consciencia personal a la consciencia universal, entonces todos nuestros actos estarán encaminados hacia el bienestar del planeta. Tenemos que ser brutalmente honestos con nosotros mismos en lo que respecta a la conciencia ecológica que creemos tener. Por ejemplo, ¿reciclas con un sentimiento de obligación, con desgana, quizá incluso con resentimiento? ¿Juzgas a los que conducen esos coches todoterreno tan contaminantes? Hasta el más mínimo resquicio de una historia, de un relato asociado a tus «acciones verdes» y ecológicas te impedirá dar el salto que lleva de una realidad horizontal a una realidad vertical. Si queremos cerrar la división que existe entre lo interno y lo externo lo que nos hace falta es nada menos que un compromiso total con una forma de vida consciente. Ya no resulta inteligente ignorar los vientos de cambio, ocuparnos ciegamente de nuestros propios asuntos como si nada estuviese ocurriendo. Tenemos demasiado que perder... y mucho que ganar.

Para salvar el planeta nuestros actos tienen que surgir del Amor, no del miedo. Lo que importa no son tanto los cambios que podamos hacer en el plano físico sino los cambios que llevemos a cabo en nuestro propio interior.

Estos tiempos turbulentos que vivimos muy bien pudieran ser la mayor oportunidad que nunca hayamos tenido para la transformación colectiva. Al afrontar la crisis en la que estamos inmersos actualmente con toda la profundidad de la presencia, y con toda la amplitud de la inmensidad que somos, podemos ver realmente hasta qué punto la creencia en la separación es una mentira que ya no podemos permitirnos el lujo de mantener. Quizá ahora podamos darnos cuenta de una vez por todas de que tú, yo, el resto de la humanidad y absolutamente todos los seres que respiran y viven —incluyendo el planeta mismo— estamos profundamente conectados. Puede que sea lo que necesitamos para despertar y comprender que *todos somos uno.*

Compasión por Gaia

La Creación está hecha de energía. Todo está hecho del mismo material: desde las estrellas en el cielo a la tierra que pisamos, desde el aire que respiramos hasta la sangre que corre por nuestras venas. La existencia no es más que la consciencia manifestándose de formas variadas y diversas. Todo —desde un elefante hasta una ameba y desde una montaña a una molécula— tiene consciencia en mayor o menor grado. Donde hay vida, hay energía, y donde hay energía, hay consciencia. Toda la vida está conectada porque toda la vida tiene su origen en la misma fuente.

El planeta Tierra no es tan solo nuestro hogar: es nuestra Madre.

Para saber esto no necesitamos que la ciencia nos lo confirme —incluso a pesar de que la física moderna nos demuestra que el universo entero se crea a partir de un campo de energía vibrante—, porque cuando tenemos el corazón abierto y estamos firme y profundamente anclados en *este* momento podemos sentirlo en los huesos. El planeta Tierra no es tan solo nuestro hogar: es nuestra Madre. Ella es la que nos ha creado y sus intrincados ecosistemas son los que nos aportan todo lo que necesitamos para vivir. Somos una parte intrínseca de ella, y esta conexión se extiende hasta eones atrás, cuando se creó el ancestro común no solo de todos los seres humanos sino de todos los seres vivos. Estamos relacionados con todos los animales, con todos los árboles, con todas las plantas, los ríos y las piedras que han existido; nuestras raíces espirituales se hunden profundamente en la tierra.

Estamos relacionados con todos los animales, con todos los árboles, con todas las plantas, los ríos y las piedras que han existido.

Las culturas antiguas eran conscientes de esto y la honraban y veneraban como a Gaia, la Gran Diosa que da origen a todas las formas de vida. Pero en algún momento desde entonces, se ha producido una especia de amnesia colectiva. Nos hemos desconectado del latido cósmico y hemos empezado a vivir exclusivamente en los confines de nuestra cabeza, por lo que ahora la mente y el corazón están desconectados. Es como una relación en la que se ha perdido la comunicación.

El principio masculino de la lógica y del pensamiento lineal ha dejado de escuchar la voz femenina de la intuición y de las sensaciones sutiles y ha puesto el unidireccional foco de su atención en la búsqueda incesante del progreso tecnológico. Lo masculino ha pasado a ser algo así como un héroe embarcado en una misión que cumplir, talando árboles despiadadamente, excavando en las profundidades de la tierra, construyendo incesantemente más carreteras, más autopistas, más fábricas, más casas, conquistando las más altas cumbres montañosas y explorando el espacio exterior en su intento por dominar su hábitat. Y mientras tanto, el principio femenino, que hunde sus raíces en el ámbito terrenal de los flujos rítmicos y los ciclos naturales, está reclamando a gritos nuestra atención. Y del mismo modo que una mujer insatisfecha se vuelve excesivamente emocional y necesitada, así el planeta nos muestra ahora su errático comportamiento. El aumento sin precedentes por todo el planeta durante las últimas décadas del número de huracanes devastadores, de olas de calor y de inundaciones, no es ninguna coincidencia. Está claro que las energías masculina y femenina colectivas están gravemente desequilibradas, lo que está haciendo de nuestro planeta un planeta enfermo.

Quizás este héroe de la humanidad necesite volver a encontrar su corazón de nuevo. El héroe habita dentro de cada uno de nosotros, no únicamente en los hombres, aunque es más evidente en ellos. El héroe es esa parte de nosotros que ama la aventura, que se esfuerza por alcanzar la perfección y el máximo rendimiento. El peligro está en que esta parte que nos impulsa hacia delante tiene una gran tendencia a perderse en el hacer y a olvidarse de descansar en la simplicidad del Ser.

Existe una vieja historia que ilustra muy bien este periplo: el mito de Perceval, que, siendo aún poco más que un niño, deja su hogar para convertirse en caballero. Su ingenuidad y su inocencia se van convirtiendo en fuerza y coraje a medida que va viajando a lo largo y ancho del mundo, superando peligros y amasando gloria y riquezas. Un día, al quedarse dormido, exhausto tras la última conquista, tiene una visión en la que entra en un castillo resplandeciente y se encuentra con un rey herido que le cuenta que la tierra se está muriendo debido a la negligencia de los seres humanos. También se encuentra con una hermosa doncella que le ofrece el tesoro más preciado de cuantos pudieran existir: el Santo Grial, una piedra deslumbrante con increíbles poderes mágicos. Pero Perceval se queda ahí de pie, quieto, sin palabras, sin saber qué hacer mientras contempla cómo la visión se desvanece. Cuando despierta se siente extrañamente triste y desolado y hace la promesa de encontrar nuevamente este misterioso lugar.

Después de muchos años de pruebas y tribulaciones vuelve a descubrir el castillo. Esta vez tiene la madurez y la sabiduría necesarias para ver más allá del brillo y el resplandor de la visión y para comprender el significado más profundo del Santo Grial: en lugar de tratar de averiguar lo que debería hacer con él, mira en su interior y se pregunta a sí mismo cuál es el mejor modo de servir a esa hermosura divina. Este simple giro del foco de atención constituye un acto profundo en el que lo masculino entra en armonía con lo femenino.

Al final de la historia, Perceval se convierte en el guardián del Santo Grial, un honor que lo llena de humildad, y la pieza final del rompecabezas encaja en su lugar cuando se da cuenta también de que él mismo es el hijo del rey, que la doncella es su esposa y que el castillo es su propia herencia. Al aceptar estos dones vuelve a despertar a su legítimo papel y a su auténtica misión, las heridas del rey sanan y la generosa abundancia de la tierra queda restaurada. Del mismo modo, cuando sacrificamos nuestro ego en el altar de aquello que es más grande que nosotros —en otras palabras, cuando se lo ofrecemos a Dios, o a la Unidad Divina— sanamos la brecha que separa lo masculino de lo femenino y recuperamos la plenitud, la totalidad. Esta es la unión alquímica que da nacimiento al pleno potencial creativo y nos reconecta con nuestra herencia divina.

Cuando despertamos a nuestra verdadera naturaleza volvemos a reavivar el romance con todo lo que está vivo, recordamos que la Tierra es la Madre de la Creación y desarrollamos una profunda empatía por todas sus criaturas. Sentimos su dolor como propio y no dudamos en hacer todo lo que esté en nuestra mano para aliviar su sufrimiento.

La Tierra no podrá ver restituida toda su gloria y todo su esplendor hasta que no desarrollemos esta compasión por Gaia.

El secreto de la naturaleza

La naturaleza es depositaria de una sabiduría ancestral, y si nos tomamos la molestia de escucharla con atención, esta compartirá sus secretos con nosotros. Cuando dejamos que la conciencia descanse suave y relajadamente en todo lo que es natural se nos muestra el camino a seguir para salir de todo este desastre que hemos creado. La inteligencia infinita que nos ha creado también nos proporciona la clave para el bienestar, tanto personal como planetario, y esta clave está disponible a través del mundo tangible de las distintas formas de vida.

Dondequiera que miremos en la naturaleza vemos un reflejo de nuestra propia naturaleza *interior*. El universo es holográfico, de modo que todo lo que existe nos ofrece una instantánea de cómo es la totalidad de las cosas, y esto es algo aplicable tanto a la realidad colectiva externa como a nuestra realidad personal interior. El reino animal, el vegetal y el mineral, así como las fuerzas elementales, viven todos ellos tanto fuera como dentro de nosotros. Esto tiene sentido cuando consideramos que, como seres humanos, estamos a la cabeza de nuestra escala evolutiva particular, de modo que en nosotros está contenida la totalidad de los recuerdos genéticos y psíquicos de todos los seres que nos han precedido.

Al tomar conciencia de la relación que tenemos con el mundo natural empezamos a comprender lo mucho que nos hemos desviado de nuestra integridad esencial. No tenemos más que ver con el corazón a cualquier animal —ya sea reptil, pez, ave o mamífero— para entender el daño que nos hacemos a nosotros mismos al negar nuestra propia naturaleza instintiva en toda su desnudez y toda su crudeza.

La relativamente reciente domesticación de animales nos muestra lo que puede llegar a suceder cuando tratamos de controlar esta parte primaria de nuestro ser; animales que en su hábitat normal serían fuertes y conservarían su dignidad —como la oveja salvaje o el jabalí— desarrollan características muy diferentes cuando se mantienen durante varias generaciones sucesivas bajo la influencia de las condiciones creadas por el hombre. Por ejemplo, normalmente pensamos en una oveja como en un animal «dócil» o «estúpido», y un cerdo suele concebirse como un animal sucio e hinchado. Esto no es más que un triste reflejo de cómo hemos manipulado algo que es hermoso en su forma natural. Y ¿qué hay de las capturas masivas y de la cría en cautividad de animales salvajes? No cabe duda de que cuando capturamos y masacramos tan inconscientemente a estas criaturas salvajes, una parte de nuestro propio espíritu libre y salvaje muere también con ellos.

Todos los animales reflejan un aspecto de nuestra propia psique; desde el lagarto de sangre fría con sus básicos instintos de supervivencia hasta el tigre de sangre caliente con su intrépida y atrevida inteligencia; desde el elefante vinculado a la tierra, con todos sus recuerdos ancestrales que hunden sus raícen en el pasado más arcaico, hasta el águila que vuela majestuosa en lo alto del cielo observándolo todo con una perspectiva mucho más amplia. Cuando perdemos el respeto por estas maravillosas formas de vida, nos deshonramos a nosotros mismos y dejamos de estar completos.

El mundo de las plantas también constituye una gran fuente de conocimiento y de sabiduría. No tenemos más que contemplar cómo crece un árbol para saber cómo vivir en armonía con la Existencia. Las raíces de un árbol se hunden en lo más profundo de la tierra y sus ramas se extienden hacia el cielo... Deberíamos tomar nota de esta actitud; el equilibrio y la fuerza se consiguen al estar bien anclados en la realidad mientras que, al mismo tiempo, intentamos alcanzar las estrellas. ¿Te has dado cuenta de cómo la digna serenidad del árbol le permite soportar condiciones climatológicas extremas, cómo permanece firmemente anclado al suelo mientras que, al mismo tiempo, es lo suficientemente flexible como para balancearse y doblarse, para fluir con la corriente de lo que sea que esté sucediendo? ¿No es precisamente así como se supone que deberíamos ser nosotros? ¿Y te has fijado en el modo en el que los árboles son testigos silenciosos de los ciclos del tiempo, sin quejarse ni retraerse ante lo que ocurre? Todo avanza a grandes pasos; de la explosión de los nuevos brotes primaverales hasta la cálida extravagancia del verano en su pleno apogeo, pasando por la colorida caída de las hojas del otoño y la cruda belleza del invierno. En la vida de los árboles no hay ninguna lucha inherente; hay tan solo la simple aceptación de lo que es.

Si ponemos con ternura nuestra atención en la Tierra, la naturaleza nos revelará el secreto que nos salvará de destruirnos a nosotros mismos y al planeta entero: la interdependencia.

Ahora observa la manera en la que un bosque rebosa con una enorme variedad de especies. Aquí no hay competencia alguna, tan solo una relación simbiótica cuyo resultado es una fértil abundancia. Pero cuando controlamos el crecimiento de las plantas por medios artificiales, los bosques se quedan desnudos y se vuelven estériles; las cosechas cultivadas con métodos propios de los monocultivos acaban presentando deficiencias nutricionales. Y lo mismo nos ocurre a nosotros: demasiado orden en la vida hace que nos volvamos menos creativos y la vida pierde su gracia y su sabor.

También encontramos una enorme cantidad de sabiduría bajo la superficie de la Tierra. Es aquí, en el subsuelo, donde podemos encontrar oro, tanto literal como metafóricamente hablando. Al mirar en nuestro interior y aceptarnos a nosotros mismos totalmente, estamos reclamando nuestro verdadero valor. No cabe duda de que cuando no somos capaces de reconocer el carácter sagrado de las joyas que hay en la corteza terrestre y las sobreexplotamos con una excesiva cantidad de minas y yacimientos, acabamos socavándonos también a nosotros mismos. Del mismo modo, también es innegable que cuando nos olvidamos de la sacralidad de la tierra vertiendo cada vez más y más productos tóxicos en su organismo alteramos el delicado equilibrio de todos los seres vivos, incluidos nosotros mismos. ¿Acaso debería extrañarnos que amenace con destruirnos con sus convulsiones ecológicas? Ya es hora de que aprendamos a tomar únicamente lo que de verdad necesitamos y a reciclar de forma segura los recursos de los que disponemos. Si generamos menos desperdicios será mucho más probable que no desperdiciemos dichos recursos.

Si ponemos con ternura nuestra atención en la tierra, la naturaleza nos revelará el secreto que nos salvará de destruirnos a nosotros mismos y al planeta entero: la interdependencia. En el interior de todo lo que existe en el mundo natural se halla un santuario sagrado que nos recuerda quién somos y el lugar que ocupamos en el esquema mayor de las cosas.

Estamos aquí para darnos cuenta de la divinidad de toda forma de vida, para reconocer la unidad en la diversidad y para comprender que todo está interconectado por una intrincada red de energía que va tejiendo su magia y hace que este planeta sea tan encantadoramente precioso.

REVERENCIA Y RESPETO

Descansar en el silencio de nuestro propio santuario interior cuando estamos en un entorno natural nos proporciona acceso a la inteligencia del plan divino, pero no tenemos que irnos a vivir en la naturaleza para conocer sus enseñanzas; se trata de un profundo conocimiento presente en cada célula de nuestro ser, una sabiduría innata a la que podemos acceder cuando vivimos profunda y auténticamente desde nuestra naturaleza esencial.

Hasta ahora, he vivido la mayor parte de mi vida en el centro de Londres. Es justo aquí, en medio de la jungla urbana, donde le tomo el pulso a la vida, donde entro en sintonía con ella y con su interminable ritmo de nacimiento, muerte y renacimiento. A la estela de esta especie de torbellino tecnológico fue donde aprendí que los ciclos de la naturaleza son iguales que mis propios ciclos internos, que nada muere realmente, sino que todo simplemente se recicla, y que la vida siempre está en movimiento.

Al igual que el cuerpo del planeta, yo también estoy hecha de materia, la cual me confiere la forma, la estabilidad y la fuerza con las que plantar nuevas semillas de creatividad. La sangre corre por mis venas del mismo modo que los ríos fluyen hacia el mar, y las lágrimas calman mi dolor igual que la lluvia refresca la tierra. El calor del sol es el mismo que el del fuego de mi vientre, que enciende mi pasión y prende la chispa que genera la energía que sustenta mi vida. El aire del viento que sopla es el mismo aire que me inspira, dándole a mi imaginación espacio para crecer y despejando las telarañas de mi mente igual que el viento limpia la basura del suelo.

Puede que estar al borde de un barranco con una inmensa llanura de tierra virgen desplegándose ante tus ojos sea indudablemente una experiencia más trascendente que estar sentado en el banco de un parque observando cómo pasan haciendo *jogging* los deportistas más madrugadores, pero lo que importa no es tanto *dónde* estás sino *cómo*; lo que define la profundidad de tu experiencia es la verticalidad de tu forma de ver las cosas. Incluso un momento de afable y tierna comunión con una planta del hogar o un momento de comunicación en silencio compartido con nuestra querida mascota puede llevarnos a lo profundo de la calma y la quietud del Ser.

El mero hecho de sentir el sabor del Ser una sola vez es suficiente para llenarte de reverencia por la vida. La reverencia es un sentido de asombro y fascinación ante el extraordinario fenómeno que es la vida. Es una respuesta natural ante el gran misterio de la Creación, un sentido infantil de inocencia y de confianza en la bondad esencial de todas sus manifestaciones.

El sentido de reverencia es algo serio e importante, pero no tiene nada que ver con ser piadoso o beato. Es oración, pues nos colma de gratitud por el regalo de la existencia misma. Y también es algo alegre y desenfadado, porque nos infunde el enorme gozo de tener nuestro pequeño papel en este drama teatral que es la evolución. ¡Podemos divertirnos sabiendo que somos cocreadores en el despliegue de la historia de la vida!

La reverencia es un sentido de asombro y fascinación ante el extraordinario fenómeno que es la vida.

Cuando hemos tenido un atisbo de este sentido de reverencia, el respeto le sigue de forma natural; respeto significa vivir en auténtica libertad sin causar ningún daño a la totalidad mayor. Por ejemplo, cuando alguien lanza descuidadamente basura por la ventanilla del coche, lo que demuestra es una falta de respeto por la Tierra. Esa bolsa de patatas fritas, ese vaso desechable o esa bolsa de plástico serán barridas por el viento y acabarán en el campo, donde muy posiblemente contaminará la tierra, ensuciará un río o hará que un animal se ahogue al ingerirlo. O puede que simplemente termine enganchado en las ramas de uno de los árboles de mi jardín y haga que mi entorno inmediato sea un poco menos atractivo.

¿Te imaginas cómo sería el mundo si todas estas acciones fortuitas que realizamos imprudentemente y sin prestar atención fuesen reemplazadas por actos conscientes de amor y benevolencia? ¿No viviríamos entonces en un mundo de belleza y de armonía, un mundo en el que respetaríamos la sacralidad del planeta y reverenciaríamos a todas las formas vivientes como auténticos representantes de Dios?

E imagina también que pudiésemos viajar por todo el planeta en un instante y, a vista de pájaro, darnos cuenta de que todos los muros y las fronteras que hemos erigido a partir de las identidades nacionales, las tradiciones culturales, el color de la piel y las creencias religiosas no sirven más que para mantenernos encerrados en nuestra propia prisión. ¿No echaríamos abajo todos estos muros para poder darnos la mano y regocijarnos en la unidad? ¿No querría nuestro corazón expandirse tanto como para poder situar al planeta Tierra entero en su centro y rodearlo con un halo de amor?

¿Y no querríamos mantenerla a salvo... por siempre?

Una invitación a abrazar la totalidad de la vida

Ahora me gustaría invitarte a hacer conmigo una meditación guiada que tiene la capacidad de llenarte de compasión por la totalidad mayor.

Simplemente cierra los ojos, relaja la respiración y, después, pon la atención en el centro del pecho. Inspira y espira unas cuantas veces llevando el aire a esta zona, simplemente relajándote y soltándote en la inmensa amplitud de tu corazón. Y, con la siguiente inspiración, imagina que hay una diminuta burbuja rosa justo ahí, en el centro de tu corazón y que, al espirar, esta pequeña burbujita rosa se hace un poquito más grande.

Cada vez que inspiras y espiras la burbuja rosada va creciendo, de modo que llega un momento en el que empieza a llenar todo tu cuerpo de amor y de luz. Ahora, cada parte de tu cuerpo y cada célula de tu ser está rodeada por esta hermosa burbuja de amor incondicional y de luz sanadora. Continúa inspirando y espirando así, de manera que la burbuja rosa se vaya expandiendo y sobrepase los límites de tu propio cuerpo. Al llenarse con el aire de la inspiración, va creciendo y alcanzando todo lo que te rodea, incluyendo los objetos de la habitación, cualquier otra persona que pudiera estar contigo, cualquier planta, cualquier animal de compañía y hasta el mismísimo aire que respiras.

Deja que esta burbuja se expanda y crezca más allá de las cuatro paredes de tu casa, alcanzando al resto del vecindario, entrando en contacto e incluyendo todas las demás casas, las calles, los jardines, los perros, los gatos y los niños. Sigue respirando y expandiéndote con ella, llenando esta burbuja de amor incondicional y de luz sanadora, de forma que se vaya haciendo más y más grande y se extienda a todo el pueblo o ciudad en la que vivas e incluso al campo que haya más allá de esta. Deja que incluya cada árbol, cada flor y cada hoja de hierba. Permite que abarque a todos los animales, todos los pájaros, todos los ríos y todas las piedras.

Deja que esta burbuja rosada que emana del centro de tu corazón se expanda aún más y llegue hasta las montañas y hasta el mar para abarcar e incluir absolutamente todas las cosas que existen en todos los continentes y en todos los océanos. La burbuja rosa sigue llenándose de luz y de amor hasta que el planeta entero queda rodeado por ella. Quédate aquí y respira suave y tranquilamente durante todo el tiempo que quieras. Tú y todo lo que existe estáis completamente inundados de amor incondicional y de luz sanadora. Tu corazón es tan grande como la Tierra. Es un corazón global. Todos somos uno.

Cuando estés listo —y solo entonces— comienza a llevar esta burbuja rosa de nuevo hacia ti con la Tierra y todo lo que existe dentro de ella. Arrástrala hacia ti de forma que se vaya haciendo cada vez más pequeña, de manera que encuentre su acomodo dentro del santuario de tu corazón.

Y ahora, suavemente, vuelve a conectar con la respiración y con cómo sube y baja en el centro de tu pecho. Cuando estés listo, abre los ojos. A medida que te vayas ocupando de los asuntos del día, recuerda que el planeta entero y todo lo que contiene tiene un lugar en el mismísimo corazón de tu ser y que puedes regresar a este santuario de quietud y silencio siempre que así lo desees.

CAPÍTULO 9

Morir en Dios

D ADO QUE TODOS ESTAMOS destinados a morir, no hay nadie que no albergue algún tipo de creencia respecto a lo que ocurre —o no ocurre— después de la muerte. Algunos creen que no ocurre anda, que simplemente nos desconectamos y eso es todo, el final, pero muchas otras personas tienen la ligera creencia —o, al menos, la esperanza— de que existe algún tipo de más allá.

Muy a menudo, este mundo imaginario del espíritu se concibe como una tierra lejana habitada por seres sobrenaturales que nos esperan pacientemente para prodigarnos todo su amor y mimarnos cuando finalmente lleguemos a ella. Dependiendo de las distintas inclinaciones culturales y religiosas, a este mundo se le ha llamado el Cielo, el Nirvana, el Paraíso, La Tierra Prometida, el Shangri-La, etc. Los buscadores espirituales, más centrados en la muerte del ego que en la muerte del cuerpo físico, lo han denominado Trascendencia, Autorrealización, Samadhi, Iluminación o el Infinito Estado de Dicha. Pero, de una u otra manera, este lugar siempre está fuera de nuestro alcance; siempre hay algo que tenemos que superar para poder llegar a él —o, al menos, eso se nos ha hecho creer—.

Tanto las Sagradas Escrituras como los textos esotéricos, los líderes religiosos y los maestros espirituales y gurús de la Nueva Era nos dicen todos ellos que tenemos que abstenernos, renunciar, purificarnos, transcender, practicar o hacer penitencia. Ya se trate de meditar, de entonar cánticos, de dar vueltas girando sobre uno mismo, de limpiar los chacras, de ayunar o de rezar, siempre hay una cosa más que tenemos que hacer antes de poder recibir la bendición de la felicidad. E incluso tras muchos años de austeridades y de práctica diligente, no es seguro que vayamos a tener éxito a este respecto. Tal vez la muerte sea realmente la única garantía que tenemos de entrar en la morada de la paz eterna de Dios. E incluso aquí las historias divergen en lo que se refiere a por cuántas vidas de ensayo y error tenemos que pasar antes de entrar en ella.

Pero ¿y si hemos estado buscando en el lugar equivocado? ¿Y si Dios/el Espíritu/lo Divino no se halla fuera de la vida cotidiana? ¿Y si todo fuese ya espiritual, exactamente tal y como es? ¿Y si lo único que nos impide darnos cuenta de ello son las creencias no cuestionadas que tenemos sobre qué o quién es Dios y sobre dónde se encuentra?

¿Pudiera ser que *Dios fuese todo* y que estuviese *en todas Partes*? Esta realización por sí sola lo cambia todo, le da completamente la vuelta a todo. Es una revelación radical que transforma tu consciencia y la relación que tienes con el mundo; porque el hecho de ver a Dios en todas partes y en todas las cosas revela tu verdadera naturaleza *como* la sagrada presencia de Dios.

DIOS NO TIENE RELIGIÓN

Durante milenios, Dios ha quedado oculto y enturbiado bajo el polvoriento manto de la religión. Siglos y siglos de dominio patriarcal han hecho que Nuestro Padre/el Espíritu Santo/Alá/Yavé/Brahman/el Ser Supremo permaneciese fuera del alcance de la gente común, siendo accesible únicamente a través de los textos sagrados.

Invariablemente, estos textos nos dicen que Dios —sea cual sea el nombre que escojamos para designar a esta presencia invisible— es omnisciente y omnipotente. Dicho en otras palabras, que Dios todo lo sabe y todo lo puede, mientras que nosotros, por el contrario, somos débiles e ignorantes. Se nos dice que Dios es la autoridad incuestionable y que obedeciendo su *palabra* —tal y como esta viene expresada en un estricto código de conducta descrito en los textos sagrados— nos ganamos la entrada en el cielo. Análogamente, si desobedecemos su palabra somos condenados al infierno. Independientemente de que nos estemos refiriendo a esta vida, a la siguiente o al más allá, las creencias que tenemos sobre Dios siempre incluyen la cuestión de la recompensa y el castigo.

A los cristianos se les dice que tan solo tienen esta vida, y que cuando mueren Dios decide si han llevado una buena vida, con lo que pueden disfrutar de la paz eterna, o una mala vida, en cuyo caso sufrirán por toda la eternidad. En ciertas confesiones cristianas se cree que todos nacemos como pecadores y que, hagamos lo que hagamos, iremos al infierno —a no ser que oremos con todo nuestro fervor pidiendo la salvación—. A los hindúes se les dice que tanto las buenas acciones como las malas se van acumulando a lo largo de muchas vidas sucesivas y que la unión con Dios se consigue únicamente cuando finalmente tenemos nuestra «cuenta» saneada y sin números rojos. A los musulmanes se les da una lista de reglas que cumplir estrictamente en la vida diaria y se les dice que cualquier desviación de las mismas tendrá como resultado el castigo eterno en el infierno. Los judíos creen que han sido designados como los *elegidos* y que, por ello, tienen un acceso preferente al cielo. Hasta en el budismo existen deidades benévolas o iracundas que demandan que les rindamos culto.

En la deslumbrante luz del despertar te darás cuenta de que Dios no es ni una persona ni una cosa y que, como tal, no tiene existencia alguna fuera de ti.

¡Qué carga tan increíblemente pesada supone intentar averiguar lo que Dios quiere de verdad para asegurarnos así de complacerle! ¡Cómo no vamos a acarrear tantos sentimientos de culpa y de conmiseración! Nos hemos convertido en víctimas del Todopoderoso; estamos a merced de su ira o de su misericordia. Cuando parece que las cosas nos van mal, le culpamos de nuestras desgracias y le mostramos nuestro agradecimiento cuando parece que nos van bien. No es de extrañar que nos sintamos como niños indefensos y desamparados, esperando a que nuestro Padre nos proteja de los peligros de la vida.

Pero ¡detengámonos un momento! Tal vez deberíamos preguntarnos a qué se debe que en todas las grandes religiones Dios siempre exista fuera de nosotros —normalmente en algún lugar *por ahí arriba*— mientras que nosotros y la vida misma estamos teniendo lugar *aquí abajo*. Y ¿por qué la única manera de conocerle es a través de un intermediario, a través de un «mensajero divino» que ha sido elegido para transmitir la palabra de Dios. Se nos ha dicho que Dios tan solo les habla a los profetas y a los sacerdotes. ¿Pudiera ser que en realidad la religión no fuese más que un montón de historias que, de hecho, se interponen entre nosotros y Dios? Hay un chiste en el que un esquimal tiene una conversación con un cura. El esquimal le pregunta: «Si no supiera de la existencia de Dios y del pecado, ¿iría al infierno?», a lo que el cura le responde: «No, si no los conoces no vas al infierno». Soprendido, el esquimal le recrimina: «Entonces, ¿por qué me has hablado de ellos?».

Resulta muy útil examinar de cerca todas las cosas que se nos han dicho sobre Dios y preguntarnos si son ciertas. Todas las creencias que tenemos al respecto no son más que historias a menos que podamos verificarlas y comprobarlas mediante nuestra propia experiencia directa. Todo pensamiento que se interponga entre tú y Dios es una mentira que te impide conocer su gloriosa verdad.

La Verdad nunca es una doctrina, nunca es un dogma. La Verdad tan solo se puede conocer en el momento en que se experimenta. Jesús tuvo una experiencia directa de la Verdad... pero no era cristiano. Mahoma tuvo una experiencia directa de la Verdad... pero no era musulmán. Y Buda también... pero no era budista. Todas las religiones contienen en su seno la semilla de la Verdad, pero, en todos los casos, un sistema de creencias y de leyes fue desarrollándose en torno a la Verdad en un vano intento de mantener viva la llama a medida que iba pasando de generación en generación. Es como el juego del «teléfono estropeado» en el que varias personas se van pasando una frase de una a otra y, cuando finalmente llega a la última, ya ha quedado tan distorsionada que es imposible reconocerla.

La Verdad únicamente puede ser un encuentro honesto con *este* momento. En la cruda experiencia de este momento todas las creencias se derrumban y lo único que queda es la visión transparente como el cristal de la conciencia abierta. En la propia desnudez de la verdad comprenderás que Dios no tiene religión. Dios no tiene ninguna creencia respecto a cómo debes comportarte, qué tienes que pensar, decir o hacer. No tiene un código de conducta que tengas que seguir en tu vida. En la deslumbrante luz del despertar te darás cuenta de que Dios no es ni una persona ni una cosa y que, como tal, no tiene existencia alguna fuera de ti.

Dios no es algo que puedas buscar; Dios es lo que ocurre cuando te liberas de toda búsqueda, cuando toda separación entre lo interior y lo exterior se disuelve para revelar la vida *tal y como es ahora*. Es cuando ya no necesitas seguir cuestionándote qué o quién es Dios, que la verdadera identidad de esta misteriosa presencia se revela ante ti. Dios es una experiencia momento a momento.

Dios es *lo que es*. Dios es la vida misma.

La celebración de la vida

Cuando sueltas todas las historias sobre qué o quién crees que es Dios tu vida se transforma increíblemente. Vivir la verdad del ver con claridad transmuta el temor a Dios en amor a la vida. Y cuando amas realmente la vida no puedes evitar celebrarla.

Vivir en celebración significa tener una profunda devoción por *este* momento: cualquier experiencia, por mundana o sublime que sea, es sagrada. Dondequiera que estés —de pie frente al fregadero de la cocina o postrado a los pies de un santo— ahí es donde se encuentra el templo mediante el cual accedes a lo divino, y la vida —tal y como se vive a sí misma a través de ti— se convierte en una oración que tiene la capacidad de llevarte justo al corazón del Ser. Cuando amas la vida de verdad, te vuelves religioso.

La verdadera religiosidad no es una enseñanza estática sino un misterio vivo, una celebración de *lo que es*. Yo solía pensar que ser religioso significaba ser una devota cristiana. En cierta etapa en mi vida sentí un fuerte deseo de hacerme monja y llevar una vida contemplativa, pero me asustaba el hecho de tener que renunciar a una mente inquisitiva que se hiciese preguntas y que se cuestionase las cosas, así como tener que creer en un montón de supersticiones y de palabras sin sentido. Más tarde me sentí atraída por el budismo, pero rechazaba la idea de tener que adherirme a un estricto código religioso que era totalmente inverificable en base a mi propia experiencia directa. Desilusionada con la idea misma de la religión —o con cualquier sistema de creencias que afirmase estar en posesión de la clave para entrar en el cielo— finalmente dejé de creer incluso en la idea de Dios y me dediqué simplemente a la búsqueda de lo que es verdad.

Después de un tiempo, me di cuenta de que la vida tenía la extraña costumbre de mostrarme las zonas en las que seguía aferrándome a un ego basado en el miedo. Ya se tratase de las respuestas de autoprotección que mostraba ante el hombre que fuese mi compañero en ese momento de mi vida o de la ansiedad que tenía a la hora de ocuparme de los temas financieros, me di cuenta de que hasta la más mínima retracción, el más mínimo paso atrás para alejarme de la verdad cruda y desnuda de lo que es en el aquí y ahora, me producía una sensación de aislamiento y soledad que llegó a hacerse insoportable con el paso del tiempo. Un día decidí que ya había perdido suficiente tiempo escondiéndome en las sombras de mi propia pequeñez e hice la promesa de que me iba a arrastrar a mí misma, aunque tuviera que ser llorando y pataleando, hasta el mismísimo foco resplandeciente de *este* momento, incluso a pesar de que el peso de mi habitual resistencia tirase de mí en dirección contraria. Me di cuenta de que no necesitaba rezar suplicando por la redención en el altar de una iglesia, ni que tampoco tenía que rendirme a ningún maestro espiritual: lo único que hacía falta era que sacrificase mi ego en el altar de *este* y de todos los momentos. La vida se convirtió en mi único gurú, y yo pasé a ser su más devota discípula. Para mí, esto supuso un punto de inflexión.

Cuando entramos en esta profunda conexión con la vida se produce una unión sagrada que da origen al Cristo interior, a la divinidad que llevamos dentro. Es lo mismo que la naturaleza de Buda y que nuestra identidad con Dios; Dios es una experiencia interna de expiación, un regreso a nuestra totalidad y completitud innatas. Se han librado ya tantísimas guerras para defender la «única y verdadera» religión de Dios... ¡Y todas las religiones afirman que son la verdadera! Se las ha llamado *guerras santas*, pero ¿cómo puede una guerra ser santa? Cuando dejemos de luchar con la vida, todas las batallas que libramos en el mundo cesarán también. Cuando dejemos de luchar con nosotros mismos, con los demás y con el mundo, experimentaremos por fin nuestra sacralidad esencial y la paz reinará sobre la faz de la tierra una vez más. Ahora dime, ¿no es esto motivo de celebración?

Hacer estallar la burbuja de la dicha y la felicidad

Actualmente la búsqueda de la iluminación es algo que se está volviendo muy popular. Hay como una ola de entusiasmo que nos está conduciendo al nacimiento de una «era dorada» y cada vez más gente proveniente de muy distintos ámbitos y condiciones sociales se está viendo arrastrada por ella. Algunos se sienten atraídos por la idea de participar en algún *satsang* en torno a algún maestro moderno, otros prefieren explorar filosofías más esotéricas que se basan en la sabiduría canalizada a partir de planos superiores de consciencia, y otros se inclinan más por alguna de las muchas disciplinas de la Nueva Era que han surgido a partir de una espiritualidad más centrada en la Diosa. Hay tanto donde elegir y tanto potencial de transformación. Pero sea cual sea nuestra preferencia, lo que nos llama la atención tan poderosamente es la promesa de poder liberarnos del sufrimiento.

No es ninguna sorpresa que una visión basada en la esperanza esté surgiendo en estos tiempos de cambios vertiginosos y de extrema incertidumbre. Si estás leyendo este libro, entonces quizá tú mismo seas también uno de los que están en la cresta de esta ola. Tal vez seas de los que creen que el día más brillante siempre está precedido por la hora más oscura, o que está teniendo lugar el amanecer de un nuevo mundo. Pero hemos de ser muy cuidadosos en esta cuestión, pues la creencia en una Nueva Era que pueda salvarnos de nuestra situación actual también puede muy fácilmente reemplazar a la tradicional creencia religiosa de la salvación.

Esa idea de que la iluminación es una experiencia cumbre interminable en la que nada malo o doloroso puede ocurrirnos resulta muy perniciosa precisamente por su capacidad de seducción. ¿Quién no desea liberarse del dolor? ¿Quien no quiere disfrutar de una paz, de una dicha y de una alegría infinitas? Es la mejor recompensa que puede haber por haberte esforzado tanto en tu práctica espiritual. Es el premio que obtienes por haber despertado.

La esperanza de que Dios/el Espíritu/la Iluminación nos proporcione una salud perfecta, riquezas o felicidad no es más que una fantasía que nos impide conocer la verdad de este momento. Si queremos alcanzar la verdadera libertad hemos de hacer estallar la burbuja de la dicha y la felicidad.

El apego a este anhelo de acabar con el dolor es una de las trampas clásicas que encontramos en el camino espiritual. Yo también he caído muchas veces en ella en mis primeros años de búsqueda espiritual. Ha habido momentos en los que he experimentado una claridad devastadora en la que el mundo entero brillaba con su potencial divino y yo despertaba del trance de la horizontalidad inducida por el ego. Y también ha habido ocasiones en las que he experimentado la vida como un glorioso e imponente río de dicha en el que yo era una con todo, momentos en los que creía que estaba iluminada. Pero después siempre volvía a tener que enfrentarme a las oscuras aristas del miedo y pensaba que me había engañado a mí misma totalmente, pues aún cargaba con mis heridas y mis traumas y mi vida distaba mucho de ser perfecta. Incluso cuando estaba segura de que había abandonado toda esa idea de la perfección iluminada, en algún recoveco de mi mente seguía aferrándome a un hilo de esperanza basado en la creencia de que el simple hecho de despojarme de la búsqueda haría que todos mis problemas se desvanecieran.

La esperanza de que Dios/el Espíritu/la Iluminación nos proporcione una salud perfecta, riquezas o felicidad no es más que una fantasía que nos impide conocer la verdad de *este* momento. Si queremos alcanzar la verdadera libertad hemos de hacer estallar la burbuja de la dicha y la felicidad. En cierto punto de mi viaje llegó un momento en el que ya no sabía si estaba despierta o no, si estaba o no estaba iluminada, ni tampoco me importaba ya. Me di cuenta de que en el mismo momento en el que pensaba que había llegado a algún destino deseable, invariablemente volvía a caerme del caballo. Así es que dejé de poner la atención en conseguir algún estado de perfecta iluminación y empecé a ponerla en cuál era la mejor manera de servir a la vida estando profundamente presente en *este* momento.

Tienes que estar preparado para asumir que nada va a cambiar. Tienes que despojarte de todas las expectativas, de todos los sueños de felicidad infinita. Incluso cuando la luz del despertar se revela a través de ti, la personalidad sigue operando y ciertas tendencias que puedas tener siguen presentándose. Puede que algún día desaparezcan como un globo cuando estalla... o puede que no.

Durante varios años después de que el despertar se revelase en mí, me daba la sensación de que ciertos rasgos de mi personalidad que habían estado conmigo desde mi infancia seguían estando presentes. Al principio esto era algo que me hacía sentir frustrada, pero después me fue importando cada vez menos, porque me conocía a mí misma como algo mucho más inmenso que lo que pudieran ser los detalles superficiales de mi personalidad. Y gracias a eso la vida adquirió un tono diferente. Dejé de ser víctima de las circunstancias. Dejé de sentir que estaba siendo castigada por ser una mala persona y de culpar a la vida por las dificultades que tuviese que afrontar. Comprendí que la vida simplemente es como es, y al tomar la decisión de permanecer abierta en medio de todos sus horrores y de toda su belleza me acerqué más a mi esencia divina. Me di cuenta de que cuanto más honestamente presente estuviese en *este* momento y cuanto más relajadamente abierta estuviese en *todo* momento, más iluminada estaría mi vida con el resplandor del amor de Dios.

Hoy en día, muchas de las energías de contracción que bloqueaban y oscurecían mi verdadera naturaleza como conciencia despierta han sido acogidas en el seno del corazón incondicional y, al hacerlo así, se han disuelto nuevamente en su naturaleza original, en la presencia infinita. Actualmente reconozco la iluminación como un profundizar constantemente en este ahora en el que siempre se producen revelaciones más y más sutiles de la presencia sagrada.

Esta llamada a rendirnos a cada momento, a medida que se despliega ante nosotros, es como lanzarse en caída libre de un avión, con la salvedad de que, en este caso, nunca llegamos a chocar contra el suelo. Lejos de ser algo a lo que temer, es algo que resulta maravillosamente liberador. Una vez que aprendes a navegar por la corriente, esta te da alas para volar. Tantas veces he escuchado a alguien decir: «Oh, bueno, ahora mismo no puedo ser espiritual; tan solo puedo acceder al Espíritu cuando estoy en la naturaleza, cuando estoy quieto y en calma, cuando estoy bailando, cuando encuentre al maestro adecuado, cuando...». A lo que yo respondo: «¿A qué estás esperando?». Esperar tan solo crea otra barrera más entre tú mismo y la verdad de tu naturaleza resplandeciente. Esperar a estar en otro lugar distinto al lugar en el que estás ahora mismo te impide ver que todo es espiritual exactamente *tal y como es*. No hay ningún otro lugar más que *aquí* ni ningún otro tiempo más que *ahora*.

Date permiso a ti mismo para echar a volar y ser libre.

MÁS ALLÁ DE LA MUERTE

El hecho de volvernos totalmente íntimos y cercanos con la vida hace que la relación que tenemos con Dios sea la adecuada; sana la fractura que existe en el núcleo central de todo sufrimiento y hace que estemos en armonía con todos los aspectos de la vida, porque ahora vemos que Dios es la naturaleza inherente de todas las cosas.

La creencia de que la muerte es el final de la vida mantiene la verdad de nuestra naturaleza eterna oculta a nuestros ojos. Muy probablemente sea la mayor mentira en la que hemos caído.

Cuando abrazamos y acogemos en su totalidad la plenitud y la profundidad de *este* momento tal y como es *ahora*, la lucha por la supervivencia queda anulada. Incluso aunque la vida siga teniendo sus altibajos y siga presentándonos retos y dificultades inesperadas, ya no luchamos contra ella. Al permitirnos afrontar y acoger *lo que sea* que esté *presente* en esta apertura desnuda, la vida se convierte en una danza divina en la que en todo momento estamos dispuestos a desaparecer en el silencio del Ser. La extinción de todas las historias y los relatos que albergábamos rasga de un solo golpe el velo del misterio que mantiene a Dios oculto para nosotros. Cada momento nos ofrece esta oportunidad de sentir y experimentar la total expiación, y esto incluye también el momento de la muerte.

Aunque sintamos lo contrario con cada fibra de nuestro ser —así de arraigada está nuestra creencia en ello—, la muerte no está separada de la vida. Todo lo que nos han enseñado sobre la muerte da por hecho que esta es el fin de la vida. Se nos dice que el alma va al cielo o al infierno según el veredicto que nos corresponda en el día del Juicio Final, pero que la vida tal y como la conocemos se termina. Para la mayoría de las personas que no han realizado su esencia natural, esto significa simplemente que todo se acaba. Básicamente, es como si la consciencia se apagase o se desconectase, y lo único que queda es una nada enorme y oscura. Pero ¿podemos estar seguros de que esto sea cierto?

La muerte muy bien puede ser lo contrario del nacimiento, pero tanto la una como el otro son ambos parte de la vida: cada uno de ellos está en el extremo opuesto del mismo flujo continuo. La creencia de que la muerte es el final de la vida mantiene la verdad de nuestra naturaleza eterna oculta a nuestros ojos. Muy probablemente sea la mayor mentira en la que hemos caído; una mentira que ha causado muchísimo miedo... tanto a la muerte como a la vida. Es el mayor obstáculo que se interpone entre nosotros y la realización de nuestra verdadera naturaleza, que no es sino una inocente totalidad y completitud. Tener el valor de investigar la validez de las propias creencias sobre la muerte es lo que nos permite redescubrir esta totalidad.

Paradójicamente, es precisamente esta disposición a abrazar la vida con todos sus horrores y todas sus maravillas la que abre la puerta al redescubrimiento de nuestra naturaleza inmortal. Cuanto más íntimos seamos con la vida, más se irá evaporando el miedo a la muerte. Cuanto más abiertamente permanezcamos en la translucidez de *este* momento más conscientes seremos de que, lo que verdaderamente somos, no muere sino que permanece constante como la consciencia que experimenta este *ahora* innegable.

En realidad la vida no termina nunca; que habites o no un vehículo físico resulta irrelevante. Esto es algo que comprendes cuando entras profundamente en tu cuerpo, cuando dentro de la forma sientes aquello que no tiene forma. Cuando estás plenamente presente en el *ahora* experimentas el tiempo como una serie interminable de momentos, y así como no hay principio ni fin para el tiempo, tampoco hay principio ni fin para la vida. Del mismo modo que el río del Amor continúa fluyendo cuando se termina una relación, así continúa también la vida cuando tu existencia terrenal llega a su fin. Es tan solo el pequeño yo el que piensa que el Amor ha muerto o que la vida ha terminado. El tiempo es eterno. El Amor es eterno. La vida es eterna. El nacimiento y la muerte no son ni el principio ni el fin de la vida, sino los portales a través de los cuales pasamos para poder experimentar la gloria de nuestra naturaleza eterna.

En cada momento se te ofrece la oportunidad de morir en Dios. Puedes dejar que el miedo haga que te cierres en ti mismo —y consolidar así la estructura de lo que *crees* que eres— o bien puedes abrirte al Amor y como Amor —y expandirte en la conciencia inmensa que *realmente* eres—. Cuando eliges el Amor, la mentira del pequeño yo perece, y tú renaces como la Verdad de tu infinito yo esencial. Hasta en el momento de la muerte tienes la capacidad y el poder de hacer esta elección; puedes abrirte al milagro de la muerte del mismo modo que te abres al milagro de la vida. Puedes seguir aferrándote a las limitaciones del ego... o puedes soltarlo todo y dejar que Dios penetre en ti.

En la entrega profunda a la muerte —al igual que en la entrega profunda a la conciencia silenciosa— tú desapareces y la luminosidad de Dios se revela. Este Dios no es más que tu verdadero yo, la presencia radiante del Ser que nunca nació y nunca puede morir.

El Cielo en la Tierra

En el más allá no hay ningún cielo o infierno; estos tan solo existen aquí, en la Tierra. Tanto la muerte como la vida son nuestra propia creación, y la evidencia apunta al hecho de que fundamentalmente hemos elegido crear un mundo infernal. No hay más que ver cómo mutilamos, torturamos y matamos a gente inocente en nombre de la justicia política y religiosa, la manera en que infligimos un sufrimiento inimaginable a animales indefensos en nombre del avance científico o el hambre, la pobreza y las enfermedades que dos tercios de la población mundial tiene que sufrir diariamente.

Pero el responsable del bien y del mal que hay en la tierra no es Dios: ¡somos nosotros! Solo nosotros tenemos el poder de cambiar el mundo en el que vivimos. No tiene ningún sentido esperar a que algún tipo de «poder superior» arregle las cosas, porque ese poder y esa capacidad se encuentran en la más profunda dimensión de nuestra propia naturaleza, no fuera de nosotros. Esta transformación tiene lugar en el plano interior cuando damos el salto de la mente al corazón, pero nada cambiará en el plano exterior hasta que hagamos buen uso de dicha transformación mediante acciones palpables. El poder que dio origen a la Creación es el mismo que ha creado también nuestro cuerpo para que podamos llevar a cabo la voluntad divina. Y la voluntad divina es lo que nosotros queramos que sea. Si elegimos la guerra, la violencia y el crimen, pues, ¡que así sea! Y si elegimos la paz, el Amor, la amabilidad y el respeto, pues, ¡que así sea también! Nuestro sufrimiento es creación nuestra, al igual que puede serlo la salvación.

> El poder que dio origen a la Creación es el mismo que ha creado también nuestros cuerpos para que podamos llevar a cabo la voluntad divina. Y la voluntad divina es lo que nosotros queramos que sea.

La realización de nuestra propia divinidad es la que nos confiere el poder de tomar nuevas decisiones. Una vez que sabemos lo que realmente somos, no podemos dejar de elegir el Amor. ¿Cómo podría el Uno que es la totalidad de la vida elegir la separación cuando él es la unidad misma? Del mismo modo, ¿cómo podríamos darle la espalda a la plenitud y a la apertura del Amor una vez que ya sabemos que no somos sino una manifestación de dicha totalidad?

Cuando nos demos cuenta de que nosotros —al igual que el Uno— somos eternos, creceremos de forma natural para dejar atrás la inmadurez del egocentrismo. La acumulación de dinero, de posesiones y de poder sin tener en cuenta el efecto que esta produce en los demás, en el mundo o en el planeta es una visión cortoplacista que nos mantiene encerrados en una relación infantil con la vida. Es una actitud codependiente que oprime y reprime el milagro del Amor. Saber que somos inseparables de la totalidad nos conduce a una perspectiva más elevada en la que podemos darnos cuenta de que nuestras acciones, palabras y pensamientos tienen un efecto de largo alcance sobre todo lo que existe. Es como el «efecto mariposa» en la teoría del caos, en la que el aleteo de una mariposa en Brasil desencadena un tornado en Texas.

No serán únicamente nuestros hijos y nietos los que tendrán que padecer las consecuencias de las decisiones —tan cortas de miras— que estamos tomando ahora; también nosotros las sufriremos. El alma vuelve una y otra vez a los dominios de lo terrenal para poder así experimentar la alegría de recordar que somos cocreadores de nuestra propia realidad. Pero ¿a qué clase de mundo vamos a volver si seguimos siendo tan egoístas? El legado que le dejemos a las generaciones futuras es el legado que nos dejamos a nosotros mismos. Somos nosotros los que heredaremos el futuro... para bien o para mal.

Cuando todos comprendamos que *Dios es todo lo que existe* y que nosotros mismos *somos Dios*, la mentira de la separación sobre la que está construido el mundo en el que vivimos se disolverá. Todas las estructuras materiales, políticas, económicas y sociales que sustentan la visión horizontal de la realidad se desmoronarán, y en su lugar surgirá un nuevo mundo construido en base al Amor y a la Verdad. Este es el nuevo paradigma vertical que está brotando de las profundidades de los agitados tiempos actuales.

Tú —y yo— tenemos el poder de crear el Cielo en la Tierra. No podemos permitirnos esperar ni un minuto más. Recordemos nuestro propio resplandor para poder así llevar luz allá donde haya oscuridad. Somos, todos y cada uno de nosotros, seres espirituales de infinita magnitud. Siempre lo hemos sido y siempre lo seremos. No lo volvamos a olvidar nunca más.

UNA INVITACIÓN A PRECIPITARTE EN CAÍDA LIBRE HACIA DIOS

Ahora, me gustaría invitarte a que cierres los ojos y des un pequeño paso hacia el templo de tu propia consciencia. Sin ningún lugar al que ir, sin nada que buscar... simplemente estando aquí.

Date permiso para tumbarte a descansar en la prístina perfección de *este* momento eterno. Absolutamente desnudo, inocentemente abierto. Permítete soltarlo todo completamente y caer en el mismísimo corazón del Ser. Déjate morir en *este* momento, deja que todo lo que *crees* que eres simplemente se desprenda de ti. ¡No te aferres a nada! Sin forma, sin pensamiento, sin espacio, sin tiempo. Déjate llevar a la inmensidad que está más allá de todo lo que sabes, de todo lo que conoces.

¡Renuncia a todo lo que no sea *esto*! ¡Sacrifícalo todo al *ahora*!

Puede que al principio te asuste hacerlo, puede que creas que todo lo que eres terminará de forma terrible si así lo haces. Lo que temes es la muerte de tu identidad. Pero al darte permiso a ti mismo para disolverte en el vacío del no saber quién eres, descubrirás que lo que está más allá de la forma es mucho más maravilloso de lo que puedas imaginar. Permítete morir momento a momento, precipitarte en caída libre en el vacío de lo que carece de forma. ¡Sin nada a lo que agarrarte... tan solo estando aquí y *ahora*!

¡Renuncia a todo lo que no sea *esto*! ¡Sacrifícalo todo al *ahora*!

Lo único que hace falta para renacer como la Consciencia Una Que Es Todo es dar este pequeño paso. Tan solo este pequeño paso hacia el interior sería un paso gigantesco si todos lo diésemos, pues anuncia la siguiente etapa de la evolución de la humanidad, en la que comprenderemos que somos Dios.

¡Demos este paso juntos... *ahora*!

Recordar quién somos

CUANDO COMENCÉ A ESCRIBIR este libro hace diez años no tenía ni idea de que iba a hablar de algo tan radical como lo es Dios, pero hoy me doy cuenta de que Dios no es más que el hecho mismo de ser esta misma existencia resplandeciente y siempre presente en el corazón de todas las cosas, y también me doy cuenta de que es posible descubrir esta luminosa presencia mientras estamos inmersos en la vorágine de la vida cotidiana.

Por supuesto, aquí no estamos diciendo nada nuevo, pues se trata de la antiquísima sabiduría que está presente en el núcleo de todas las tradiciones espirituales, pero lo que sí es verdaderamente radical es el hecho de que hoy en día todo el mundo tiene acceso a esta verdad. Ya no es únicamente —como lo ha sido en el pasado— el privilegio de unos pocos individuos. Hoy esta sabiduría ya no está envuelta en un lenguaje misterioso e inaccesible, y muchos maestros modernos se refieren a ella en formas que podemos entender y que son relevantes en nuestra vida diaria. Y, tal vez, también estemos comenzando a desarrollar la capacidad necesaria para escuchar el mensaje. Lo que resulta verdaderamente extraordinario es que, aunque las cifras aún son relativamente bajas, cada vez más y más gente lo está «captando». Cada vez más y más gente está despertando del hechizo del ego y está viviendo su vida en base a una perspectiva mucho más amplia, con más presencia, más alegría, más compasión y un propósito renovado.

Da la sensación de que actualmente la consciencia humana está a punto de dar un salto evolutivo. Un salto que podría ser tan radical como la propia aparición de la vida a partir de la materia inerte hace billones de años. Hay muchas señales que así lo indican. La ciencia nos muestra que en un espacio de tiempo increíblemente corto se han producido avances tecnológicos sin precedentes. Las estadísticas apuntan a que la humanidad ya ha alcanzado un punto de «máximo crecimiento exponencial». Hay estudios sociológicos que constatan que se está produciendo un cambio en lo que respecta a encontrar soluciones a los problemas económicos, políticos y medioambientales; estamos pasando de buscar dichas soluciones en lo material a buscarlas en nuestro interior. Y por todo el planeta encontramos también muchos mitos originados en culturas muy diversas —como la hindú, la budista, la china, la azteca y la maya— que describen cómo una nueva era a nivel mundial está a punto de dar comienzo.

Todo esto apunta al hecho de que es muy posible que se produzca un cambio muy drástico en la existencia de la humanidad. La visionaria y futurista Barbara Marx Hubbard lo ha calificado como el nacimiento del *Homo Universalis*, el «Humano Universal» que está «conectado a través del corazón con la totalidad de la vida». Osho lo denominó el amanecer del *Homo Novus*, el «Hombre Nuevo», que es «a la vez terrenal y divino, que pertenece tanto a este mundo como al otro». Jesús lo expresó de otro modo: «Estad en el mundo, pero no pertenezcáis a él». Descubrir el núcleo radiante de quién eres —justo aquí, justo *ahora*— es la clave para alcanzar la verdadera libertad y la unidad. Es el nacimiento de una nueva forma de ser y de vivir.

Cada vez más y más gente está despertando del hechizo del ego y está viviendo su vida en base a una perspectiva mucho más amplia, con más presencia, más alegría, más compasión y un propósito renovado.

Te invito a que me acompañes para recordar juntos que todos estamos conectados y que Dios habla a través de todos y cada uno de nosotros. Recordemos que todos somos mensajeros divinos y que la divinidad puede expresarse y manifestarse tanto en lo más grande como en lo más pequeño. Sea lo que sea lo que estemos haciendo, siempre podemos servir a la vida acogiendo en nuestro seno la plenitud y la profundidad de *este* momento *tal y como es ahora*. Dondequiera que estemos, siempre podemos ser lo suficientemente valientes como para revelar la verdad de un corazón abierto y estar lo suficientemente inspirados como para poner este amor en acción. No olvidemos que todas las interacciones que tenemos cuando nos estamos ocupando de los quehaceres del día a día son sagradas.

Y recordemos también que no necesitamos buscar a Dios, pues está justo aquí, en la intimidad de este momento, en el espacio que hay entre estas palabras, en el silencio del Ser.

Para saber más sobre Amoda Maa y sus enseñanzas, visita: www.AmodaMaa.com.

Otros títulos de Gaia ediciones

Gaia ediciones

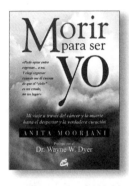

MORIR PARA SER YO

Mi viaje a través del cáncer y la muerte hasta el despertar y la verdadera curación

ANITA MOORJANI

Prólogo Del DR. WAYNE W. DYER

Un relato esclarecedor de lo que nos aguarda tras la muerte y el despertar final. Uno de los testimonios espirituales más lúcidos y poderosos de nuestro tiempo.

LA LIBERACIÓN DEL ALMA

El viaje más allá de ti

MICHAEL A. SINGER

Best seller del New York Times que destila la esencia de las grandes tradiciones espirituales; una inspiradora meditación sobre las ataduras de la condición humana y sobre cómo desprendernos de los bloqueos que nos aprisionan.

PERFECTA BRILLANTE QUIETUD

Más allá del yo individual

DAVID CARSE

Si crees que ya lo sabes todo, aunque sientes que "Ello" todavía no ha cuajado en ti, entonces este es ciertamente tu libro. Es la obra definitiva que agradecerán quienes saben distinguir entre los comentarios que provienen de una mera comprensión intelectual y los que surgen de la auténtica realización.

Para más información
sobre otros títulos de
GAIA EDICIONES

visita
www.alfaomega.es
Email: alfaomega@alfaomega.es
Tel.: 91 614 53 46